LA GLOIRE
D'UNE FEMME

MARIANNE WILLIAMSON

LA GLOIRE D'UNE FEMME

traduit de l'anglais par
Denis Ouellet

Données de catalogage avant publication (Canada)
Williamson, Marianne, 1952-
   La gloire d'une femme
   Traduction de : A woman's worth.
   ISBN 2-920083-90-2
   1. Femmes - Psychologie. 2. Femmes - Vie religieuse.
I. Titre.
HQ1206.W5414 1995   155.3'33   C95-940453-8

Conception graphique : Duchamp Studio

Illustration de
la page couverture : *Vénus aux cinquante Amours (1990)*
                   Marius Dubois
                   Huile sur bois (46,5 x 46,5 cm)

Infographie : Infoconcept

Titre original : *A Woman's Worth*
              Random House

Copyright © 1993 Marianne Williamson
Copyright © 1995 Éditions du Roseau,
              pour la traduction française

ISBN 2-920083-90-2

Dépôt légal :   2ᵉ trimestre 1995
                   Bibliothèque nationale du Québec
                   Bibliothèque nationale du Canada

Distribution :   Diffusion Raffin
                   7870, Fleuricourt
                   St-Léonard (Québec)
                   H1R 2L3

Pour
Sophie Ann, Jane et Emma

Remerciements

Je tiens à remercier plusieurs personnes.

Merci à Al Lowman, mon agent, qui veille constamment à me procurer les choses dont j'ai besoin pour continuer d'écrire.

Merci à Helen Morris, de Random House, qui fut l'éditrice envoyée du Ciel.

Merci à Andrea Cagan pour son aide exceptionnelle à la fois comme éditrice et comme amie.

Merci à Richard Cooper, qui semble toujours tout comprendre.

Merci à Harry Evans et à tous les membres de la famille Random House.

Et par-dessus tout, merci à toutes les femmes qui ont creusé profondément avec moi et aux hommes que j'ai aimés.

PRÉFACE

Lorsque j'ai dit à des amies que j'écrivais un livre sur les femmes, la plupart m'ont répondu à peu près la même chose: «Pour nous, pour les femmes qui ont survécu à l'enfer?»

Il est étrange que ce soit à ce club-ci que nous appartenions: les femmes qui ont survécu à l'enfer. Mais nous comprenons toutes ce que cela signifie. C'est un club dont les membres se reconnaissent entre elles à leurs regards entendus et à leurs rides au front. La plupart d'entre nous, mariées ou non, avons vécu au moins un divorce ou une séparation dévastatrice. D'autres événements peuvent nous faire entrer dans le club: un avortement, la maladie, diverses humiliations publiques ou privées, la drogue, l'alcool, la mort d'un être cher, des parents incapables de remplir leur rôle, des enfants malades. C'est tout ce que nous pensions ne jamais avoir à vivre. Ce que nous ressentons, ce n'est pas tant de l'apitoiement sur soi que de la peur et une peine profonde.

Telle a été notre quête de femme. Elle est consciente et disciplinée, ou inconsciente et débridée. Que nous en ayons ou non tiré quelque leçon, la souffrance a fait de nous ce que nous sommes, et les dernières années nous ont changées, pour le meilleur ou pour le pire. Nous ne sommes pas ce que nous aurions été sans cette descente aux enfers. Nous avons un tas d'histoires à raconter. Il s'agit maintenant de trouver les bons mots.

Je n'ai pas d'autre but, en écrivant ce livre, que d'ouvrir mes entrailles d'une manière créatrice. Mais cela en soi est un but passionnant, et j'ai vu à quel point mes entrailles pouvaient ressembler à celles d'autres femmes. Relations, carrières, enfants, rêves, trahisons, espoirs, victoires, défaites – toutes ces choses composent aussi mon paysage. Nos émotions se sont mêlées. Nos histoires se recoupent.

Quiconque prend la plume le fait en espérant que ses mots puissent ouvrir une porte, percer un chemin de lumière par où le lecteur pourra passer. C'est ce dont je rêve pour ce livre.

Marianne Williamson,
Los Angeles

1

REINES GLORIEUSES
ET FILLES ESCLAVES

L'éternel féminin nous élève au-dessus de nous-mêmes.

JOHANN WOLFGANG VON GOETHE

Il est difficile d'être une femme. Il est aussi difficile d'être un homme, je n'en doute pas, mais ce livre s'adresse aux femmes. Sam Keen a parlé des hommes dans son livre intitulé *Fire in the Belly** (traduction littérale: *Le Feu au ventre*). Mon amie Tara m'a téléphoné un jour pour me dire qu'elle voulait écrire une sorte de complément au livre de Keen: *Un volcan dans l'utérus.* J'ai ri quand elle a dit ça mais intérieurement je pensais à d'autres titres, comme *Catastrophes mammaires*, ou *Terreur dans les ovaires.*

Personne, homme ou femme, n'a la moindre idée de toutes les femmes qui pleurent, tout haut ou en silence, à

---

* Ouvrage publié en traduction française sous le titre: *À la recherche de l'homme perdu*, éditions Flammarion Ltée.

chaque fraction de chaque instant, dans toutes les villes de tous les pays du monde. Nous pleurons pour nos enfants, nos amants, nos parents, et pour nous-mêmes. Nous pleurons et nous avons honte parce que nous sentons que nous n'avons pas le droit de pleurer; nous pleurons et nous sommes en paix parce que nous sentons qu'il est temps que nous pleurions. Nous pleurons pour le monde entier. Pourtant, chacune se croit seule à pleurer.

Nous sentons que personne n'entend, qu'il n'y a aucune écoute qui vaille. Mais à partir de maintenant tout le monde doit écouter. Nous devons prendre la femme qui pleure par la main et la soigner tendrement, sinon elle va se changer – cette ombre du moi collectif féminin – en un monstre qui ne passera plus rien sous silence. Ce livre s'efforce de l'écouter et de la comprendre dans le monde d'aujourd'hui, telle qu'elle existe en ce moment, emprisonnée quoique portant toujours les atours fanés et souillés de la reine qu'elle a été. Elle est comme une enfant, pourtant ce n'est pas une enfant. Elle est notre mère, notre fille, notre sœur, notre maîtresse. Elle a besoin de nous maintenant, et nous avons besoin d'elle.

La féminité d'aujourd'hui est une chose hésitante et incertaine, que l'on définit davantage par ce qu'elle n'est pas que par ce qu'elle est. Pour certaines femmes, cela ne pose aucun problème. Elles se sont élevées au-dessus de l'image que la société se fait des femmes, mélange confus de projections et de malentendus, et elles volent maintenant haut dans le ciel par-dessus les nuages. Pour la plupart des femmes, cependant, les résistances rencontrées durant l'envol furent si grandes que leurs ailes sont maintenant ployées, et qu'elles ont cessé d'essayer.

La féminité est une douleur collective d'une indicible profondeur; et chaque fois que nous essayons d'en parler, nous risquons d'entendre : « Tiens ! Encore en train de se plaindre. »

Tant qu'il en sera ainsi, ce n'est pas une moitié mais la totalité de l'humanité qui sera freinée dans sa progression vers sa destination cosmique. C'est une destination très, très lointaine ; c'est un endroit tellement éloigné à l'intérieur de nous que, d'où nous sommes, nous en avons à peine entrevu les murs extérieurs.

Ce livre porte sur la vie intérieure des femmes. Ici, nous sommes vraiment nous-mêmes, tandis que dans le monde extérieur nous ne sommes pas celles que nous prétendons être. Nous ne sommes pas sûres de savoir pourquoi nous posons, sauf que nous ne savons plus du tout comment faire autrement. Nous avons oublié le rôle que nous sommes venues jouer sur terre. Nous avons perdu la clé de notre propre maison. Nous attendons à l'extérieur devant la porte. Le stress qu'entraîne un si long éloignement de la maison nous fait mal, même qu'il nous tue. Nous ne pouvons pas rester absentes plus longtemps, il faut que nous trouvions la clé. Car pendant ce temps nous continuons de nous flétrir – nous et nos visages, nos seins, nos ovaires, nos histoires. Nous tombons et nous brisons en mille morceaux. Si nous savions comment hurler, ils nous entendraient sur la lune.

Mais autour de nous la terre a été remuée, et de nouvelles pousses surgissent du sol. Comme toutes les femmes, je sais ce que je sais. Un temps nouveau vient de commencer. La terre connaîtra plusieurs changements, et nous sommes l'un de ceux-là. La féminité sera jouée par de nouvelles actrices, car nous sommes enceintes, en masse, et nous accoucherons de notre propre rédemption.

Regardez. Attendez. Le temps viendra et remplira ses promesses. Mais durant cette attente, nous devons rester éveillées. Nous devons penser et croître. Nous réjouir et rêver, mais nous agenouiller et prier. Il y a de la sainteté dans l'air aujourd'hui ; nous donnons naissance à des déesses. Elles sont ce que nous sommes, car elles sont nous : amies, thérapeutes, artistes, femmes d'affaires, enseignantes, guérisseuses, mères. Filles, éclatez de rire. Nous avons une nouvelle vocation.

Nous sommes faciles à reconnaître : quelle que soit notre occupation, elle nous sert de paravent pour parler des choses qui sont vraiment importantes. Nous nous contentons de ce travail, voyez-vous, pour l'unique raison que notre véritable travail nous a été enlevé il y a quelques milliers d'années. Nous regardions la carte, mais notre ville n'y figurait plus. Nous avons consulté le programme d'études mais n'avons pas pu y trouver le cours que nous voulions suivre. C'est comme si quelqu'un nous avait ôté notre chaise sans pouvoir nous enlever le désir de nous asseoir.

« Quoi ? dites-vous. Moi, une déesse ? » Oui, dis-je, et n'ayez pas l'air si surprise. Toute petite, vous saviez que vous étiez née pour vivre quelque chose de spécial, et quoi qu'il vous soit arrivé par la suite, rien n'a pu effacer cela. La magie n'a pas pu disparaître de votre cœur pas plus que Lady Macbeth n'a pu laver le remords de ses mains. Désolée d'avoir à vous le dire mais vous étiez dans le vrai au départ, puis vous avez erré. Vous êtes née avec un but mystique. En lisant ces mots maintenant, il se peut que vous vous en souveniez.

Ensemble nous partons en quête de notre propre enchantement. Cette quête nous conduira dans un endroit où le féminin est sacré, comme y sont sacrées plusieurs autres choses. Là, nous pourrons devenir les femmes que nous sommes censées être et vivre la vie que nous sommes censées vivre. Mais il faut que nous connaissions bien le terrain et il faut nous assurer que la voie soit éclairée qui nous ramènera à la maison.

Il y a des femmes enchanteresses, qui vivent ici et maintenant comme elles ont toujours vécu et comme elles vivront toujours. Elles sont porteuses du flambeau des déesses, aussi faible et vacillante que puisse être sa flamme. Sur les plans intérieurs, ce sont des prêtresses et des reines. Elles sont omnipotentes ; elles ont franchi le seuil. J'en ai connu quelques-unes, et il y en a d'autres dont j'ai entendu parler. Et je vous dirai tout ce que je sais d'elles, qui elles sont et comment elles font.

❖

À chaque instant, une femme fait un choix entre l'état de reine et l'état d'esclave. À l'état naturel, nous sommes glorieuses. Dans le monde de l'illusion, nous sommes perdues et emprisonnées, esclaves de nos appétits et de notre volonté de faux pouvoir. Notre geôlier est un monstre à trois têtes : l'une des têtes est notre passé, une autre est notre insécurité et l'autre, notre culture populaire.

Notre passé est une histoire qui n'existe que dans notre esprit. Regardez, analysez, comprenez et pardonnez. Puis, aussi vite que possible, balancez tout par la fenêtre.

À défaut de trouver un sens à notre vie, il est inévitable que nous y trouvions l'insécurité. Sans un sentiment de communion avec des idées plus nobles et plus profondes, nous sommes condamnées à chercher désespérément la ou les choses qui pourraient nous combler : un travail, une relation, un look, une silhouette. L'idée de notre propre insuffisance nous tyrannise. Nul nazi armé d'une mitraillette ne pourrait par sa présence nous accabler davantage.

La troisième tête du monstre est la culture populaire pour laquelle nous dépensons collectivement des millions de dollars annuellement. Elle ne fait rien pour nous en retour. La plupart des films ne nous aiment pas, la plupart des messages publicitaires ne nous aiment pas, l'industrie de la mode en majeure partie ne nous aime pas, et le rock and roll en général (c'est triste, car il nous aimait) ne nous aime plus. Comme il arrive souvent aux femmes battues, l'objet de notre amour s'avère toujours un être ou une chose qui est incapable de nous aimer réciproquement. Il faut que nous choisissions consciemment de ne plus faire cela.

En attendant, le monstre continuera de nous tenir prisonnières dans son donjon. Mais chacune possède, dans les profondeurs de son être, un sas de secours. C'est un amour qui ne finit pas, ne vacille pas, ne nous exploite pas, ne se joue pas de nous et ne nous arrache pas le cœur. C'est notre noyau spirituel. À l'intérieur de ce noyau, nous existons en tant que royautés cosmiques : mères, sœurs, filles du soleil et de la lune et des étoiles. Sur ce plan, nous trouvons Dieu, la Déesse, et notre propre moi. Riez de tout cela à vos risques et périls émotifs.

Le monde extérieur renferme plusieurs rêves pervers, et ces rêves ont de l'emprise sur nous. Je sais, je sais. Mais j'ai ouï quelques secrets spirituels, et vous de même si vous prêtiez l'oreille. Il y a moyen de transcender, moyen d'aller de l'avant. Nous pouvons laisser le monstre derrière nous. Nous pouvons obtenir la délivrance de nos cœurs et rentrer chez nous au doux parfum des roses.

Il y a une porte, une vraie, une occasion de passage émotionnel, et nous sommes parfaitement capables de nous glisser par là. Les anges tiennent cette porte ouverte pour nous toutes. Mais il faut de l'audace. Les poules mouillées ne peuvent pas voir les anges, donc les poules mouillées ne peuvent trouver la porte.

❖

La plupart des femmes que je connais sont des prêtresses et des guérisseuses, quoique plusieurs ne le sachent pas encore, et que certaines ne le sauront jamais. Nous sommes toutes sœurs au sein d'un ordre mystérieux.

Il y a quelques années, il m'est arrivé pendant un certain temps de me réveiller tous les matins à quatre heures quinze précises, comme sur un ordre, en ouvrant brusquement les yeux. J'ai appris plus tard que quatre heures quinze était considéré jadis comme l'heure des sorcières. Ce serait parfait, me suis-je dit. Nous nous réveillerions au même moment et nous irions toutes au même endroit pour nous retrouver, et pour prier, et pour savoir.

Nous savons encore des choses. Dans la mesure du possible, nous continuons à communier. « Le bébé dort-il ? » « As-tu obtenu l'emploi ? » « Est-il rentré à la maison ? » « As-tu moins mal ? » « As-tu entendu la nouvelle ? » Nous commençons par être des amies puis l'idée germe en nous, plus ou moins consciemment, qu'ensemble nous sommes porteuses de magie et que nos groupes d'entraide sont en réalité des cercles de pouvoir mystique. C'est la prérogative des femmes d'apprendre la magie, de pratiquer la magie, et de mettre ses connaissances au service du monde.

Nous avons l'habitude de penser que le vendredi treize porte malchance. En fait, le vendredi treize était la journée où les sorcières se réunissaient. Lorsque le système patriarcal, dirigé par l'Église naissante, s'est mis en devoir d'écraser le pouvoir des femmes, les sorcières furent condamnées comme démoniaques, et plusieurs grandes femmes furent jugées comme sorcières. C'est alors seulement que le vendredi treize est devenu synonyme de malchance et qu'il a perdu son sens véritable : le jour où les femmes se réunissent pour partager leur énergie et prier ensemble et guérir.

Notre pouvoir mystique ne devrait pas être relégué à un lointain passé. Il existe toujours. Je veux le mien maintenant, et toutes les femmes que je connais veulent le leur. Notre pouvoir n'est pas mauvais mais bon. Nous devons réclamer notre bonté en même temps que notre pouvoir. Si encore aujourd'hui nous n'avons pas trouvé le graal, la clé de ce que nous sommes en tant que femmes, c'est que le monde dans lequel nous la cherchons, celui-là même qui nous l'a dérobée, n'a pas le pouvoir de nous la rendre. Ni les hommes ni le travail ne peuvent restaurer notre sceptre perdu. Rien dans ce monde ne peut nous ramener à la maison. Seuls les radars dans nos cœurs peuvent le faire, et quand ils le font, nous retournons à nos châteaux. Là, nous sommes couronnées d'or, et nous nous rappelons comment rire, comment aimer, comment régner.

Nous ne pouvons pas demander au monde de restaurer notre valeur; nous sommes ici pour restaurer notre propre valeur à la face du monde. Le monde à l'extérieur de nous peut refléter notre gloire, mais il ne peut pas la créer. Il ne peut pas nous couronner. Seul Dieu peut nous couronner, comme Il l'a déjà fait.

Je me souviens d'une carte de souhait humoristique. On pouvait y lire, au recto: *Pour l'anniversaire de ma fille, la princesse...* À l'intérieur, la phrase continuait: *... de sa mère, la reine.*

Qu'est-ce qu'une princesse et qu'est-ce qu'une reine? Une princesse est une fille qui est sûre d'arriver à destination, qui s'est peut-être déjà mise en route mais n'y est pas encore. Elle a un pouvoir mais elle n'en assume pas encore la responsabilité. Elle est frivole et complaisante envers elle-même. Elle pleure mais ce ne sont pas encore des larmes de noblesse. Elle tape du pied et ne sait pas comment contenir sa douleur ou s'en servir de façon créatrice.

La reine est sage. Elle a surmonté ses épreuves, sa sérénité n'est pas une faveur accordée mais une récompense méritée. Elle a souffert et sa souffrance l'a embellie. Elle a prouvé qu'elle pouvait maintenir l'ordre dans son royaume. Elle est elle-même devenue une vision du royaume. Elle est profondément concernée par quelque chose qui dépasse sa propre personne. Elle exerce un authentique pouvoir.

Notre royaume est notre vie, et notre vie est notre royaume. Nous sommes toutes censées régner en un lieu glorieux. Lorsque Dieu est sur le trône, nous le sommes aussi. Lorsque Dieu est en exil, nos terres se font la guerre et nos royaumes sont dans le chaos.

Une princesse s'amuse au jeu de la vie. Une reine y joue sérieusement. Audrey Hepburn était une reine, Barbara Jordan est une reine, Gloria Steinem est une reine. Pour la plupart, nous sommes un peu des deux. Notre but de vie en tant que femmes est de nous élever jusqu'au trône et d'y régner avec notre cœur.

Notre épanouissement de fille en femme, de princesse en reine, n'est pas qu'une simple transition. Comme toute véritable percée créatrice, c'est un changement radical. Cela ne veut pas dire qu'il est brutal ou violent. Mais il est radical, de la même façon que la vérité est radicale – et la naissance et les arts et l'amour et la mort. Après coup, les choses ont changé. Les croyances fondamentales ne sont plus les mêmes, les paradigmes dominants sont renversés. Sans ce changement, une femme zigzague du seuil du désastre au seuil de la rédemption. Elle oscille entre des moments d'extase et des moments de terreur. Et puis les enfants, puis le monde entier se met à zigzaguer avec elle.

Lorsqu'une femme entre en possession de sa nature passionnée, elle laisse l'amour inonder son cœur et ses pensées croissent sauvages, féroces et belles. Son énergie circule. Son cœur s'ouvre. Elle a rejeté béquilles et compromis. Elle a entrevu le royaume enchanté, le vaste et magique domaine de la Déesse qui est en elle. Ici, toutes choses sont transformées. Et cela dans un seul but: materner le monde afin qu'il retrouve la gloire et la grandeur de son état antérieur. Lorsqu'une femme enfante son véritable moi, un miracle se produit et la vie autour d'elle recommence.

Marie était vierge quand elle a enfanté, et le mot *vierge* signifie «femme pour soi-même». La femme qui s'actualise est puissante pour elle-même et elle donne naissance à des choses divines. Aujourd'hui nous avons la chance de donner naissance à un monde guéri et transformé. Cela ne peut pas se faire sans une importante résurgence de la gloire des femmes, car on ne peut rien guérir sans les pouvoirs féminins qui permettent de nourrir et de protéger, de savoir *intuitivement* et de persévérer. Qu'est-ce que cela signifie pour la femme ordinaire, citoyenne d'un monde qui résiste à son épanouissement et la rend coupable de ses passions? Cela veut dire qu'elle doit chercher d'autres personnes qui ont vu la même lumière. Elles sont partout, et comme nous elles attendent leurs instructions. Ce sont des hommes et des femmes, des jeunes et des vieux qui ont entendu la blague mais prennent la chose trop au sérieux pour en rire. Elle est drôle mais aussi tragique, cette opposition au passage de la moitié de la force vive de l'humanité. Quelque chose de nouveau fermente, et nous en sommes reconnaissantes. La Reine s'en vient réclamer Ses filles.

Lorsque la Reine émerge, Elle est magique et enchanteresse. Elle est calme et joyeuse. Elle crée l'ordre où il n'y en avait pas. Elle a des yeux nouveaux.

Lorsqu'une femme se lève dans toute sa gloire, son énergie est magnétique et l'éveil de ses possibilités est un sentiment contagieux. Nous avons toutes déjà vu de ces femmes glorieuses, pleines d'intégrité et de joie, qui en sont conscientes, qui en sont fières et qui débordent d'amour. Elles brillent. J'ai moi-même connu, à certains moments, cet état de grâce, et je l'ai vu chez d'autres femmes. Mais l'affirmation pourrait avoir plus de poids, le rythme pourrait s'accélérer. Nous n'avons rien à faire pour devenir glorieuses; c'est notre nature de l'être. Si nous avons lu, étudié et aimé; si nous avons pensé aussi intensément que nous le pouvions et si nous avons senti aussi profondément que nous le pouvions; si nos corps sont des instruments servant à donner et à recevoir l'amour – alors notre présence en ce monde est une bénédiction du ciel. Il n'y a rien à ajouter à cela pour établir notre valeur.

Restez là où vous êtes. Asseyez-vous là. Souriez. Bénissez. Quelle faim reste inassouvie dans notre société pour la simple raison que les femmes ont été tellement dépréciées par les autres et se sont elles-mêmes tellement déshonorées.

Toutes les femmes que je connais veulent être des reines glorieuses, mais cette réponse était loin d'apparaître sur le questionnaire à choix multiple qu'on nous a remis quand nous étions petites. Rarement quelqu'un nous a-t-il dit que nous pouvions choisir d'être magiques.

Lorsque j'étais enfant, il y avait une femme nommée Betty Lynn qui habitait de l'autre côté de la rue. Elle était un peu comme un mélange de Auntie Mame et de Jayne Mansfield. Je pensais qu'elle était la femme la plus belle, la plus fascinante, la plus merveilleuse au monde. Betty Lynn était libre et séduisante et conduisait une Cadillac. Je pensais que la voiture était beige, mais elle appelait ça la couleur du champagne. Elle voulait faire mettre un toit de chaume sur sa pension de famille. De toute évidence, elle faisait l'amour avec son mari. Elle me disait toujours que j'étais merveilleuse.

Des années plus tard, je me suis souvenu du verre de scotch qui était presque invariablement dans sa main, et plusieurs choses sont devenues claires qui ne l'étaient pas quand j'étais petite. Mais à l'époque elle était une sorte de modèle, une femme élégante qui me faisait voir un peu de magie quand tout ce que je trouvais de mon côté de la rue, c'était un bâillon sur mes émotions et la condamnation de mes passions les plus folles.

Pourquoi, dans les trente et quelques années qui ont suivi, n'ai-je jamais oublié cette femme ? Que représentait-elle qui m'a paru si vrai, si passionné, si enchanteur ?

Quoi que ce fût, l'alcool l'aidait à l'extérioriser, mais l'alcool l'a aussi rendue esclave, et puis ça l'a tuée. C'est clair. Mais pourquoi les personnes qui ont le plus d'ardeur, le plus de charme, le plus de force, sentent-elles si souvent le besoin de recourir aux drogues et à l'alcool ? Elles ne boivent pas que pour engourdir leur douleur; elles boivent pour engourdir leur extase. Betty Lynn vivait dans un monde qui ne sait rien des femmes extatiques, ne veut rien savoir d'elles, ne veut même pas qu'elles existent. À une autre époque, elle aurait eu son propre temple, et des gens seraient venus de partout pour s'asseoir à ses pieds et l'entendre dire qu'ils étaient merveilleux. Elle aurait

mélangé des herbes et des huiles. Mais un monde peu
éclairé s'est mis à brûler de telles femmes, et le monde les
brûle encore. Betty Lynn s'est crucifiée elle-même avant
que quelqu'un d'autre n'ait la chance de le faire. Un peu
comme Betty Lynn, plusieurs d'entre nous préfèrent
imploser que d'être punies, car celles qui n'implosent pas
s'attirent tôt ou tard les foudres de la société. Mais nous en
sortons vivantes, quoique blessées et meurtries. Et il y en
a de plus en plus parmi nous qui vivent assez longtemps
pour raconter leur histoire, qui survivent au feu, qui survivent à l'alcool, et qui sont changées au point qu'il est permis d'espérer que nos filles auront la vie plus facile.

Il faut nous mettre au travail et réclamer notre gloire.
On dira que nous sommes pompeuses ; et après ? On dira
que nous sommes en plein déni, dangereusement incapables de reconnaître nos fautes, nos névroses, nos faiblesses ;
et alors ? C'est un vieux truc, ça, dire à une femme que sa
gloire est une maladie. Vous pouvez parier que nous
dénions tout. Nous dénions la faiblesse qui nous a empê-
chées de progresser, qu'elle appartienne au monde ou à
notre propre passé. Nous avons mieux à faire, comme de
prendre possession de notre beauté, rendre hommage au
courage qu'il nous a fallu pour arriver jusqu'ici et réclamer
notre pouvoir naturel de guérison et d'autoguérison. Nous
ne sommes pas pompeuses, mais nous sommes fatiguées –
fatiguées de prétendre que nous sommes coupables quand
nous nous savons innocentes, que nous sommes moches
quand nous nous savons belles, que nous sommes faibles
quand nous nous savons fortes. Pendant trop longtemps,
nous avons oublié que nous étions des royautés cosmiques.
Nos mères l'ont oublié, leurs mères l'ont oublié, et leurs

mères avant elles. Nous regrettons leurs larmes, nous pleurons leur tristesse. Mais maintenant, enfin, nous brisons la chaîne.

Lorsque la Déesse est prête à refaire surface, Elle refait surface. Aucune personne, loi ou institution ne peut l'en empêcher. Comme l'énergie du Christ, dont Elle participe, la Déesse fait Son chemin dans le cœur et l'esprit de millions de femmes, et elles changent. Il importe peu de savoir qui ne change pas quand suffisamment de personnes changent. Cela est vrai pour n'importe quelle vague de fond, sociologique, politique ou culturelle. Lorsqu'une idée atteint dans l'opinion un point critique d'adhésion, rien ne peut plus arrêter le changement que sa présence provoque.

Une conspiration des plus subtiles et des plus insidieuses a été perpétrée contre les femmes. Des milliers d'années de l'histoire humaine ont été largement réécrites afin d'effacer de la mémoire collective le fait que les hommes n'ont pas toujours tenu le haut du pavé. Des preuves archéologiques tendent maintenant à confirmer l'existence d'une période de vingt mille ans durant laquelle les hommes et les femmes vécurent égaux, sans aucune domination d'un sexe sur l'autre. La terre était florissante. Les qualités dites féminines de compassion, d'amour nourricier et de non-violence appartenaient également aux femmes et aux hommes et constituaient l'élément essentiel de la structure sociale. Les femmes étaient révérées en tant que prêtresses et guérisseuses. Nos pouvoirs intuitifs n'étaient pas bafoués mais respectés. Nos façons plus fluides de penser et de sentir étaient considérées comme des rythmes créatifs et non comme des lubies de petites filles. Pour nos hommes et nos amants, nos enfants et nos amis, nous étions des prêtresses naturelles. Nous nous guérissions les uns les autres grâce au lien de compassion qui nous unissait à l'esprit et à la terre. Mais nous avons dévié de cette route, et la Déesse a été masquée.

Le monde d'aujourd'hui est organisé suivant des modes de pensée et de fonctionnement masculins, et il en est ainsi depuis des milliers d'années. L'agressivité, la force, la domination et le contrôle sont à la base du contrat social. L'organisation, la technologie et l'analyse rationnelle sont toujours à l'ordre de cette très longue journée. Pendant ce temps, les principes féminins de non-violence et d'abandon et les valeurs fondées sur l'intuition, la capacité nourricière et la guérison ont été mis de côté. Nous avons oublié le pouvoir d'un tendre attouchement. Lentement mais sûrement, de génération en génération, sur des milliers d'années, la femme a été tournée en ridicule. On a déprécié ses qualités tant chez les hommes que chez les femmes, chacun s'exposant au jugement de la honte s'il choisissait de les manifester. On pouvait la connaître au lit, et elle s'occupait bien des enfants. Mais cela mis à part, elle n'était pas chez elle ici. On ne la réduisait pas au silence, seulement on rendait sa parole nulle et sans effet. Elle pouvait encore parler, mais on ne l'entendrait plus.

Songez à la statue de la Liberté et au poème d'Emma Lazarus qui est inscrit sur son socle : « Donnez-moi vos masses épuisées, misérables, recroquevillées, dit la Liberté, et qui pourtant rêvent de respirer en liberté. » Ce manifeste par lequel le peuple américain déclare sa force de compassion et son souci de la vie humaine devint la pierre angulaire sur laquelle le pays s'est bâti. Mais l'esprit de notre nation s'étant coupé de sa nature féminine, nous avons cherché à conquérir et à dominer plutôt qu'à partager et à nourrir. Nos mots ont changé, de « donnez-moi vos masses épuisées », ils sont devenus « dites-leur de retourner d'où ils viennent ». Nous conservons la statue mais nous ne la prenons plus au sérieux. Au cours des fêtes du bicentenaire en 1986, j'ai été frappée par l'ironie de la fête spectaculaire qui eut lieu dans le port de New York, près de la statue de la Liberté. Ce gouvernement qui avait systématiquement démantelé tous les éléments de la structure sociale et politique dont le poème d'Emma Lazarus se voulait à la fois l'âme et le reflet, était maintenant l'hôte de somptueuses célébrations au pied même de la Liberté. Nous la traitons de la même façon que nous avons traité toutes les femmes depuis que la Déesse est réduite au silence : nous l'habillons et la paradons, mais nous n'écoutons pas ce qu'elle a à dire.

Et personne ne nous écoutera tant que nous n'écouterons pas nous-mêmes. La Déesse s'éveille dans nos cœurs avant de s'éveiller dans le monde. Nous devons constater qu'Elle existe. Nous devons L'honorer et L'adorer et La vénérer, quel que soit le nom par lequel nous L'appelons. Car ne pas le faire, c'est nous déshonorer nous-mêmes. Elle est notre essence féminine. Elle est le pouvoir féminin et la gloire spirituelle qui résident en toute femme et en tout homme.

Cessons de chercher des modèles parmi les êtres humains, car il y en a peu ; et même quand nous les trouvons, ils vivent leur propre vie et non la nôtre. Nous devons plutôt chercher en nous-même. La Déesse n'entre pas en nous de l'extérieur ; Elle émerge des profondeurs intérieures. Rien de ce qui nous est arrivé dans le passé ne l'empêche d'émerger. Elle est conçue par la conscience, Elle naît dans l'amour, et Elle se nourrit de pensées élevées. Elle est intégrité et valeur, créée et nourrie par le dur labeur de la croissance personnelle et par la discipline d'une vie menée activement dans l'espoir.

Bâtissez la communauté. Nourrissez les moins fortunés. Devenez vous-même. Cherchez Dieu. En deçà de ces pas de géants, nul changement ne sera assez profond pour vous faire avancer.

La crucifixion de la Déesse – la dévalorisation des croyances et valeurs féminines – est à l'origine de toutes nos souffrances. Mais la crucifixion n'est qu'un prélude à la résurrection, et nous sommes maintenant aux premiers stades de la résurrection de la Déesse. Cela ne se fait pas sous le signe de la résurgence d'un symbole en particulier, que ce soit Marie, Guanyin, Gaïa ou Isis. Elle a plusieurs noms et plusieurs visages, mais les plus importants sont les nôtres. Sa réapparition à notre époque est une affaire individuelle, ce sont des femmes de tous les coins du monde qui émergent de leurs profondeurs. C'est un esprit nouveau, une force nouvelle, une nouvelle conviction et une nouvelle compassion. Les anges les plus glorieux illuminent le firmament quand la Reine des cieux retourne sur Son trône. Ces images archétypes nous aident à retrouver la trace, la direction et le sens de l'épopée féminine. Les femmes doivent se rappeler qu'il est extrêmement important d'honorer les femmes. En « réformant » l'Église chrétienne, Luther a choisi d'écarter Marie. En redécouvrant l'Église intérieure, nous choisissons de la ramener parmi nous.

La vénération de dieux féminins est l'un des plus puissants leviers dont nous disposons pour retrouver la gloire de notre identité féminine. En tant que mère du fils de Dieu, la Vierge Marie a donné naissance à l'expression de Dieu sur terre. Sans son corps et sa capacité nourricière, le Verbe ne serait encore qu'un mot. Elle est devenue, dans ses entrailles et dans sa compassion, le véhicule par l'intermédiaire duquel le Verbe s'est fait chair.

Marie est réelle. Elle est un symbole, mais elle est aussi beaucoup plus. Elle est une énergie, une vérité ou un être hiérarchique essentiel, elle est l'essence même de toutes les femmes. On la trouve dans plusieurs religions. Certains l'appellent la Déesse. Elle est active psychiquement, participant alchimiquement à notre souffrance et à notre libération. Pour des millions de personnes, ce n'est pas une blague.

À sa naissance, ses parents savaient que sa vie serait mise au service d'une grande et sainte cause. Son éducation la destinait à devenir une source de lumière, ce qui revient à dire qu'on l'a aiguillée dans la direction de ses plus grandes qualités humaines. Dieu l'avait investie d'une profonde et lourde tâche à faire sur terre, et au cours des ans son corps, son âme et son esprit se sont préparés à ce service.

Le fait d'assimiler nos propres destinées à la vocation et au ministère de Marie équivaut à guérir nos plaies. C'est emplir notre esprit d'une lumière qui repousse les ténèbres d'une myriade de névroses. Dans toutes les sphères de notre expérience de femmes, nous sommes perdues et déconnectées parce que nous ne nous percevons pas nous-mêmes comme des êtres spirituels. Nous pensons aux êtres de chair et d'os, aux curriculum vitae et aux relations, aux vêtements et aux cosmétiques. La vérité de qui nous sommes, pourquoi nous sommes ici et où nous allons, est beaucoup plus spectaculaire que ces mondanités ne le laissent paraître. Nous sommes les précieux vaisseaux de Dieu, et nous sommes toujours enceintes de Ses possibilités.

Ce ne sont pas des connaissances de ce genre qui font le meilleur effet dans les cocktails. Mais, en privé, dans la méditation, dans les églises, les mosquées et les synagogues, les ashrams et les groupes de soutien, c'est le genre de vérités qui nous rendent libres. Et les femmes ont désespérément besoin d'être libérées. C'est notre ignorance et le profond oubli de nous-mêmes qui depuis des siècles nous tiennent en esclavage. Il est temps que nous nous rappelions que nous sommes les filles de Dieu.

L'un des visages de la guérison dans les années quatre-vingt-dix est la pratique plus profonde de la spiritualité. Lorsque je dis : «Allez parler à Marie», c'est exactement ce que je veux dire : *Allez parler à Marie*, allez dans une église, allumez un lampion, asseyez-vous sur un banc et donnez-vous la chance de prendre tout cela très au sérieux. Dites-lui : «Marie, je désire savoir qui je suis en tant qu'épouse ou amie ou mère ou fille. Je désire être la femme que je suis capable d'être. Je désire avoir votre pureté et votre clarté et votre degré d'illumination. Puisse l'essence de ma féminité briller davantage que le moi extérieur.» Et c'est tout. Peu importe quelle est votre religion. Parler à Marie ne fera pas de vous une catholique, pas plus que le fait d'être catholique ne vous donne droit à une «passe» gratuite. Si vous n'êtes pas à votre aise avec Marie, ça va aussi. Trouvez une déesse grecque ou un avatar indien ou tout autre symbole divin de la féminité, et commencez à vivre une relation avec elle.

Ne traitez pas cela à la blague, ne pensez pas que c'est un jeu. Le monde tel qu'il est a très peu besoin de votre féminité. Vous êtes considérée comme le sexe faible et traitée comme un objet sexuel. On peut très bien se passer de vous sauf pour porter les enfants. Votre jeunesse est la mesure de votre valeur, et votre vieillesse est la mesure de votre non-valeur. Ne cherchez pas dans le monde votre subsistance ou votre identité en tant que femmes parce que vous ne les trouverez pas là. Le monde vous méprise. Dieu vous adore.

2

LUMIÈRE INTÉRIEURE

j'ai trouvé dieu en moi
et je l'ai aimée
je l'ai aimée férocement.

NTOZAKE SHANGE

J'ai regardé une photo de mon visage aujourd'hui. Je déteste cette photo parce qu'elle ne dit pas qui je suis. Mais il est vrai que la plupart des visages de femmes ne disent pas la vérité. Je devrais plutôt dire: la plupart des coiffures de femmes ne disent pas la vérité; leurs vêtements ne disent pas la vérité; leurs bijoux ne disent pas la vérité. Il y a des femmes magnifiques qui semblent faire exception; mais trop souvent quand la parure est éloquente, la femme, elle, ne l'est pas. La plupart des femmes – des femmes américaines – sont complètement paniquées à la vue de leurs cheveux, de leurs vêtements et de leur maquillage. C'est pourquoi nous y mettons autant d'argent. Nous demandons de l'aide.

La prochaine fois que vous rencontrerez une autre femme au cours d'une fête, supposez que son angoisse au moment de choisir ses vêtements a été ne serait-ce qu'un dixième de la vôtre. Multipliez cette angoisse par le nombre de femmes qui sont allées dîner en ville ce soir-là. Maintenant additionnez le stress.

La beauté féminine n'est pas fonction des vêtements, de la coiffure ou du maquillage, quoique des millions de dollars soient dépensés chaque année dans ce pays par des femmes que la publicité a convaincues du contraire. La beauté est une lumière intérieure, un rayonnement spirituel que toutes les femmes possèdent mais que la plupart cachent, niant inconsciemment son existence. Ce que nous ne réclamons pas demeure invisible. C'est pourquoi le processus de transformation personnelle – le véritable travail de croissance spirituelle, qu'il prenne une forme religieuse ou non – est le seul antidote contre les mesures pernicieuses que la société met en œuvre pour s'opposer à l'émergence d'un authentique pouvoir féminin. À coups de messages subliminaux et sous le couvert de culture populaire, la société nous conditionne à croire que nous ne pouvons pas être des femmes vraiment désirables si nous ne sommes pas conformes en tous points aux critères actuels de la beauté corporelle. Si de tels mensonges et de telles manœuvres manipulatrices nous subjuguent avec autant de facilité, c'est que nous ne savons plus reconnaître l'authentique lumière de la connaissance de soi.

La femme qui a vraiment pris conscience d'elle-même sait que son moi est une lumière venue d'un autre monde, une essence spirituelle qui n'a rien à voir avec le monde physique. Celles parmi nous qui croient fermement à la réalité de l'esprit sont vite discréditées à l'intérieur d'un système où le pouvoir terrestre ne peut manquer de voir dans toute vérité spirituelle le germe de sa propre destruction. Car si nous croyions vraiment en cette lumière intérieure, nous ne pourrions plus croire au pouvoir des forces extérieures, et nous ne serions pas si faciles à diriger et à dominer. La femme ne serait pas tentée de placer dans sa chevelure, ses vêtements et son maquillage une si grande part de son estime de soi, et de voir dans la beauté idéale d'une *top model* la preuve qu'elle-même n'est pas belle du tout. Comme l'a dit Naomi Wolf: «Nous les femmes sommes habituées à nous considérer comme de pâles imitations des photographies de mode, au lieu de considérer les photographies de mode comme de pâles imitations des femmes.»

Mais au bout du compte nous sommes responsables de l'image que nous nous faisons de nous-mêmes, nonobstant ces horribles représentations de la femme – pornographiques, mysogines et violentes – qui imprègnent notre culture. La majeure partie de l'imagerie religieuse traditionnelle représentait les femmes comme des êtres inférieurs, voire démoniaques. Seule une vue du monde spirituellement éclairée révèle les hommes et les femmes dans toute leur véritable gloire. Nous sommes glorieuses parce que nous ne sommes pas du tout des êtres de ce monde. Notre essence spirituelle est immatérielle, incorporelle; et dès lors que nous en sommes conscientes, nous entrons en possession de nos pleins pouvoirs. Plus nous cultivons ce que les Alcooliques Anonymes appellent notre «contact conscient» avec la vérité telle que Dieu l'a créée, moins nous sommes victimes des mensonges d'un monde apeuré. Quand on est pleinement consciente de sa gloire spirituelle, on ne fait pas tout un plat d'une ou deux varices.

Je me souviens d'une femme qui faisait la queue devant moi dans une épicerie. Elle était grosse, elle devait avoir au moins vingt-cinq kilos de trop. Ses cheveux étaient blond platiné. Elle s'est achetée le *Globe* et le *National Enquirer*, un sac d'arachides grillées et un gros paquet de biscuits. J'ai senti sa misère. J'ai fait une petite prière pour elle. J'avais déjà été en aussi piteux état, quoique mon désespoir n'ait pas la même manière de se manifester. Comme toutes les femmes qui sont passées par là, je comprenais son désir de s'échapper dans un monde où elle n'aurait pas à affronter la dure réalité d'une autre journée comme celle-là.

En même temps, je sais qu'elle s'aime désespérément, parce que nous nous aimons toutes. Son corps dit qu'elle s'en fiche, et son choix de lectures dit qu'elle s'en fiche. Mais elle ne s'en fiche pas. Et si elle sentait qu'elle a le choix, elle s'ouvrirait toute grande et agirait comme une reine. Mais elle ne se rend pas compte qu'elle a des options. Elle pense que seules les reines peuvent devenir reines. Elle ne sait pas que toutes les femmes qui sont devenues reines savaient simplement qu'elles pouvaient l'être, quand toutes les autres prétendent encore qu'elles ne le peuvent pas. C'est tout ce qui distingue la reine de l'esclave; un changement d'attitude, le passage de la négation à l'acceptation de son pouvoir personnel.

Cette femme a beau avoir reçu une éducation déficiente, avoir vécu dans une famille dysfonctionnelle et se trouver actuellement dans une situation transitoire entre l'horrible et le catastrophique, elle n'en demeure pas moins une reine en puissance. Un changement d'attitude fait des miracles. L'évolution d'une femme de l'état d'esclave à celui de reine est le miracle de la transformation féminine. Cela commence par la décision de changer et la volonté d'accepter l'aide de Dieu.

Si par hasard la femme que j'ai vue à l'épicerie se trouve à lire ce livre, je lui demande de dire cette prière si elle le veut bien: Mon Dieu, je suis prête à abandonner ma vie de limitations et de désespoirs. J'invite Votre esprit à renouveler ma vie. Amen. C'est la volonté de Dieu que nous soyons belles, que nous aimions et que nous prospérions dans toutes les bonnes choses. C'est la volonté de Dieu que toutes les femmes deviennent les déesses qu'elles sont en naissant.

Même lorsqu'une femme a la chance de vivre dans une grande abondance, elle a souvent de la difficulté à se permettre d'en jouir totalement. J'ai une amie qui mène une vie merveilleuse. Elle vit en Europe six mois par année et possède un jet privé qui lui permet de faire la navette entre ses différentes maisons partout dans le monde. Elle a marié un homme qui est parfait pour elle. Elle a deux enfants heureux et en bonne santé et c'est une dessinatrice de mode qui a du succès et du plaisir à exercer son métier. Ce qu'elle n'a pas, c'est une taille de guêpe.

La souffrance que lui cause son embonpoint jette une ombre gigantesque sur une vie qui autrement serait magnifique. Elle a essayé tous les régimes, tous les docteurs, tous les trucs supposés l'aider à perdre pour de bon ses livres en trop. Ce qu'elle n'avait pas essayé, jusqu'à tout récemment, c'était d'affronter ce je-ne-sais-quoi en elle qui avait tant investi dans le fait d'être grosse.

Les régimes et les docteurs ne peuvent rien faire contre une croyance solidement ancrée. Dans le cas de mon amie, et dans le cas de plusieurs personnes qui transportent un poids – quel qu'il soit – qui les empêche d'accéder à la joie totale, cette croyance est: Si je réussis trop bien, si je suis trop heureuse, trop parfaite, *je ne serai pas aimée*. Il faut qu'il y ait quelque chose qui fasse savoir aux autres que je suis

« l'une des leurs », que je me sens misérable moi aussi. Je
ne suis pas vraiment en train de prendre leur part du
gâteau. Je ne suis pas vraiment parfaite, alors ils n'ont pas
besoin de me détester.

Pour certaines, c'est le poids ; pour d'autres, c'est autre
chose que l'on dit ou que l'on fait pour laisser paraître
qu'on n'a pas la vie facile non plus. Nous avons peur
inconsciemment de la réaction qu'auraient les gens si nous
osions briller vraiment, embrasser la joie, et nous permettre d'avoir une trop belle vie. Cette injonction qui nous est
faite d'échouer est subtile mais puissante, aussi nous
assurons-nous que personne ne pourra nous accuser d'avoir
brisé la grande loi non écrite : Ne faites pas l'expérience du
paradis sur terre. La punition peut être sévère, à tout le
moins sur le plan émotif, pour celles d'entre nous qui brisons la loi. Le chœur de ceux qui désapprouvent – des
amis, des parents et des gens que nous ne connaissons
même pas – chante haut et fort contre les femmes qui osent
franchir cette ultime barrière sociale.

Que faire contre une telle menace, qu'elle vienne des
autres ou prenne sa source dans notre propre esprit ? Nous
trouvons l'antidote quand nous prenons conscience que
c'est la volonté de Dieu que chacune et chacun d'entre
nous, femmes, hommes et enfants, soyons heureux, entiers
et comblés. Il est impossible d'exagérer le dommage psychique causé par l'illusion, pseudo-religieuse ou autre, voulant que d'une certaine manière Dieu soit plus heureux, ou
que notre âme soit plus pure, si nous souffrons juste un
peu. La vérité n'est pas que Dieu est plus heureux ou que
nous sommes meilleures, mais que les institutions qui nous
ont dit cela sont plus heureuses, parce que la souffrance
nous maintient à notre place, là où nous sommes faciles à
contrôler.

Mais comment la planète pourrait-elle être heureuse quand ses habitants ne le sont pas ? Que nous embrassions la joie ne prive pas les autres de la possibilité d'en faire autant. C'est tout le contraire : cela les libère, s'ils choisissent d'être libérés. Si j'ai devant moi une personne qui mène une vie vraiment heureuse, je peux suivre mon ego ou suivre mon cœur. Mon ego tentera de me convaincre que cette personne doit être coupable de *quelque chose*, mais mon cœur reconnaîtra que son succès est *mon succès*, si je me permets d'applaudir au lieu de critiquer, de bénir au lieu de condamner.

Lorsque j'ai commencé à donner des conférences avec l'intention de faire mon possible pour que les choses s'améliorent dans ma communauté, j'ai souvent entendu les gens dire : « Elle est gentille, n'est-ce pas ? » Mais au fur et à mesure que mon travail devenait accessible à un plus large public, le même travail fait de la même façon avec le même sinon un plus grand dévouement s'est attiré des : « Pour qui elle se prend ? » Je n'ai jamais été critiquée pour avoir échoué comme je l'ai été pour avoir réussi, et il me semble évident que les gens dans notre société ont la conviction, du moins inconsciemment, que le succès d'un autre limite le leur, les rabaisse, et diminue d'une façon permanente leurs propres chances de succès. Le monde croit à des ressources limitées et à la culpabilité de tout un chacun. Tant que nous ajouterons foi à ces idées pernicieuses, non seulement serons-nous incapables de laisser les autres briller mais nous serons aussi incapables de nous permettre à nous-même de briller pleinement.

Et si, comme mon amie, nous continuons d'avoir peur de ce que la peur nous fait voir, dans l'esprit des autres ou dans le nôtre, nous nous faisons complices d'un système de pensée qui nous limite cruellement et qui limite nos filles et leurs filles également. Nous nous refusons la permission d'aider le monde autant que nous le pourrions si nous nous permettions d'être tout ce que nous pouvons être. Dieu nous donne l'abondance en toutes choses afin qu'elle serve à la guérison du monde. Si nous persévérons et continuons d'embrasser la vie que Dieu a créée pour nous, alors nous passerons au travers de cet épais nuage qu'est la désapprobation d'autrui, qu'elle soit réelle ou imaginaire. Lorsque nous cesserons de nous sentir coupables, lorsque nous nous serons libérées de la pensée étriquée d'une société qui a terriblement peur des femmes extatiques, alors nous ne rencontrerons plus de ces gens qui nous attaquent. Ou alors, nous n'y ferons plus attention. Ayant traversé les nuages, nous verrons une nouvelle lumière et nous ferons de nouvelles amies.

N'arrêtez pas maintenant. Continuez d'avancer. La prochaine fois que quelqu'un vous fera sentir que votre succès est peut-être en train de vous monter à la tête, dites-lui en silence : « Tu n'as encore rien vu. »

Nous existons dans l'esprit de Dieu sous la forme d'êtres complets et entiers : Madison Avenue ne peut rien nous offrir qui fasse de nous des femmes plus belles. Nous sommes belles parce que Dieu nous a créées ainsi. Certaines d'entre nous qui sont conscientes de cette beauté l'expriment et la célèbrent. Mais la beauté elle-même ne nous est pas donnée par quelqu'un ; c'est un pouvoir que nous avons en nous dès le premier jour, c'est un rayonnement intérieur. J'ai connu des femmes qui n'étaient pas belles physiquement mais qui s'exprimaient tellement bien que chacune renvoyait l'image d'une très belle femme. J'ai connu d'autres femmes qui étaient des spécimens physiques presque parfaits mais qui étaient tellement aveugles à leur propre lumière que leur beauté ne faisait aucun effet.

Pourquoi les femmes devraient-elles se satisfaire d'un moi fracturé? Nous avons de plus en plus de facilité à décrire et à analyser nos insécurités; maintenant il faut que nous apprenions à invoquer le moi guéri. À l'intérieur de chacune de nous, sur le plan de la conscience pure, il y a la Déesse, la femme glorieuse, la reine cosmique.

Si vous êtes une créature sensible, et presque toutes les femmes sont des êtres sensibles, alors votre cœur est ouvert à toutes choses. Tous les cris nous sont familiers. Toutes les larmes nous touchent. Tous les soupirs contiennent le nôtre. Et cela nous paralyse, nous immobilise jusqu'au moment où nous nous mettons à courir dans la direction opposée. L'appareil émotif féminin, plus délicat et plus complexe que n'importe quelle puce informatique japonaise, est aussi fragile que puissant. Il se retourne contre nous quand il ne sert pas un but positif de guérison. Tout se passe comme si Dieu avait dit: «Voici, sentez ceci», mais nous ne savons toujours pas s'il l'a dit parce qu'il était en colère contre nous ou parce qu'il nous aimait.

Sans une vie intérieure riche et pleine, sans ce lien spirituel, la femme est ballottée dans une tempête d'émotions hystériques. Comme un beau vase dans lequel on verse un océan, brisant le vase parce que le contenant n'est pas approprié à la pression ou au volume d'eau, nous sommes mal préparées pour les formidables énergies qui coulent dans nos veines.

Nous nous souvenons de tout. Nous nous souvenons de Marie tenant l'enfant. Nous nous souvenons de l'avoir vu mourir. Nous nous souvenons de guerres et de meurtres dont nous croyions pourtant avoir tout oublié. Nous nous souvenons des sites d'anciens temples, de nos guérisons et de nos prophéties. Nous nous souvenons des mutilations génitales et du choix de Sophie. Nous étions présentes au commencement des choses ; et si seulement les gens nous laissaient faire, nous enseignerions les merveilleuses leçons tirées de notre expérience. Nous n'avons pas accès à notre connaissance parce que le monde est trop bruyant. Et nous avons tendance à le rendre plus bruyant encore quand nous crions de douleur, quoique nous prétendions chanter. Nous ajoutons à la cacophonie du monde parce que nous ne savons pas que notre travail consiste à baisser le son pour qu'on puisse entendre les symphonies silencieuses. Personne ne nous a jamais dit cela. Pendant des milliers d'années, ils n'ont pas voulu que nous sachions. Mais nous voyons clair dans leur jeu et quand nous serons libres nous nous mettrons à hurler, et alors notre silence sera assourdissant. Nous entendrons le chœur béni des anges, et nos yeux brilleront, et nos sourires resplendiront. Nous verrons les anges et nous connaîtrons les anges, et nous déjeunerons avec eux et nous plaiderons leur cause. Nous serons intimes avec les étoiles et nous chevaucherons l'arc-en-ciel jusqu'aux terres anciennes. Nous brûlerons comme des lampes, et le monde ne sera plus jamais le même.

Les hommes qui nous entourent ont besoin de ce changement autant sinon plus que nous-mêmes. Nos enfants voient en nous une vérité que nous ne voyons pas : c'est que nous possédons des pouvoirs qu'aucune autre créature ne possède. Lorsque nous nous souviendrons de notre héritage royal, les hommes deviendront nos véritables partenaires, nos rois. Nous avons toutes été couronnées, pourtant le trône nous attend. Il est maintenant l'heure de réclamer notre titre, de baisser la tête devant Dieu et de recevoir, en connaissance, notre couronnement conscient. Quand cela sera fait, le monde changera rapidement.

Il changera lorsque toutes les femmes auront compris que nous sommes belles, puissantes et fortes. Que nous méritons amour, approbation et soutien. Que nous serions glorieuses si seulement nous pouvions déployer nos ailes. Que chacune d'entre nous est une portion du grand et puissant Moi de la Déesse. Quelle lumière se lèvera par derrière les montagnes au matin de notre souvenance! Quel soleil brillera au travers du brouillard de larmes quand nous embrasserons enfin notre vrai moi!

D'ici là, nous demeurerons tristes. Notre emprisonnement a été long et cruel. Nous nous sommes vêtues pour nous cacher et nous avons parlé pour donner de nous-mêmes une fausse image, et nous avons travaillé pour nous changer. Nous avons cru que nos passions étaient mauvaises et nos instincts malvenus. Nous avons souffert d'une blessure, mais un miracle s'est produit. Il y a une Femme dans le Ciel, et Elle vient pour nous ramener à la maison.

La Femme dans le Ciel a de longs et beaux cheveux et une peau qui brille. Son sourire émane de plus loin que le centre de la terre. Elle a une belle voix quand Elle parle, et Elle peut chanter. Elle nous a toutes maternées. Nous avons hérité de Ses dons et de Ses pouvoirs guérisseurs. D'un commun et vieil accord, nous sommes venues jusqu'ici pour nous souvenir d'Elle ensemble. Comme un volcan qui explose après des années de sommeil, nous explosons maintenant avec chaleur et puissance et force liquide.

La Femme dans le Ciel est entrée en nous. Comme tous les aspects de l'énergie cosmique dont Elle fait partie, Elle imprègne les cellules de celles qui L'ont invitée à entrer. Elle nous donne une nouvelle vie, afin que nous puissions faire de même pour les autres. Par Sa puissance qui est en nous, nous sauvons toutes choses. Durant des siècles, nous étions déchirées à l'intérieur, coupées de notre plus importante connaissance. Nous nous occupions des petites choses quand nous-mêmes faisions partie des grandes. Ces jours sont terminés. Il faut que nous recommencions.

Nous commençons avec la promesse, faite à soi-même et aux autres femmes, que nous ne retournerons jamais d'où nous venons. Plus jamais nous manquerons de reconnaître qu'il est difficile pour toutes les femmes, comme il l'a été pour nous, d'affronter les épreuves et les résistances d'un monde qui traite les femmes en citoyennes de deuxième ordre. On nous a maintenues dans une telle situation non pas parce que nous n'étions pas intelligentes. Le monde nous traite en citoyennes de deuxième ordre pour mieux nous dominer – comme s'il suffisait de dire que nous sommes faibles pour que nous soyons faibles. Et nous nous sommes laissé prendre à cette ruse. C'est le pouvoir inhérent à la dénomination des choses qui nous a battues. Le mauvais sort que ce pouvoir a jeté sur nous doit maintenant être levé. Nous devons nous nommer reines nous-mêmes.

Le pouvoir patriarcal résiste à notre force, mais les armées d'oppression d'un royaume entier – et il s'agit bel et bien d'un royaume mental où les femmes sont considérées et traitées comme des êtres inférieurs – ne peuvent rien contre la femme qui se sait reine. L'ego négatif a peur des femmes non pas parce que nous sommes faibles mais parce que nous sommes trop puissantes, et parce que ce pouvoir nous vient d'une sphère invisible. Notre pouvoir, l'esprit rationnel ne peut ni l'expliquer ni le contrôler, et l'ego négatif le juge impardonnable.

Mais aujourd'hui encore nous devons réclamer nos forces mystiques. Nous devons continuer dans la même voie, en repoussant sans cesse les forces aveugles et blessantes du ridicule et de la résistance sous toutes leurs formes, en faisant le travail que nous sommes venues faire et en étant celles que nous sommes destinées à devenir. L'oppression des femmes est loin d'être finie, et ce sont souvent d'autres femmes qui rendent le monde encore plus dur à notre égard. Mais ce phénomène disparaîtra peu à peu à mesure que ces femmes oppressives seront guéries de leur haine d'elles-mêmes. Quand nous aurons traversé cette jungle, un jour nouveau et glorieux se lèvera sur la terre, nos filles ne seront plus jugées coupables de leurs passions ou tenues prisonnières parce qu'elles débordent de puissance, de force et d'amour.

Les enfants nous aident. Les couchers de soleil nous aident. Les hommes bons nous aident. La plage nous aide. Lire au sujet de femmes qui furent extraordinaires dans leur domaine nous aide. La méditation nous aide. La prière nous aide.

❖

N'est-ce pas merveilleux quand des femmes incroyablement belles comme Linda Evans ou Cindy Crawford nous disent que le véritable secret de leur beauté est d'avoir trouvé leur lumière intérieure ? Mon œil. J'ai fait tout ce qu'elles ont fait pour trouver ma lumière intérieure et, quoique j'admette que je suis plus heureuse, je ne leur ressemble toujours pas. En fait je ne leur ressemblerai jamais, j'ai l'air de ce que j'ai l'air, et mon apparence ne devrait pas être une si grosse affaire. Ce ne l'est pas pour les hommes, et ce ne devrait pas l'être pour nous. Les Américains ont le devoir d'apprendre que dans d'autres cultures la définition de la beauté corporelle, et de la beauté en général, est beaucoup plus vaste que dans la nôtre.

Plus souvent qu'autrement, quand j'essayais de me donner un style, de changer ma personnalité, mon apparence, mon comportement, je le faisais pour les hommes.

J'essaie encore de m'améliorer, mais je le fais pour moi, pour mon propre plaisir. Plaire à un homme peut être une chose excitante, mais essayer de se changer pour lui, essayer de devenir une autre au lieu de se révéler telle qu'on est, c'est faire preuve d'un tel manque d'estime de soi que les hommes perdent rapidement tout intérêt de toute façon.

Et puis, allez donc savoir ce qu'il faut faire pour leur plaire ! Je n'ai pas encore trouvé, et par moments j'ai cherché. Mais je sais ceci : les jours où je sens de l'amour et de la compassion et de l'indulgence dans ma vie, je suis plus heureuse et je sens que je suis plus belle aux yeux des autres. Ces sentiments sont les clés mystiques de la beauté et du bonheur. C'est si simple, et cela ne coûte rien. Dans certains milieux soi-disant sophistiqués, on refuse d'accepter un message aussi simple. Car si les femmes finissaient par croire vraiment à ces choses – que l'amour dans notre cœur peut changer notre vie –, des millions de dollars seraient dépensés autrement.

Et d'où vient-il que nous soyons toujours en train de concocter de nouvelles recettes pour être plus séduisantes aux yeux des hommes ? Pourquoi ne s'efforceraient-ils pas, eux, d'être plus séduisants à nos yeux ? Ce ne sont pas tous les hommes qui savent quoi faire avec une femme qui est pleine de passion, de gloire, de force et d'intelligence. Alors que faire ? Nous flétrir ? Beaucoup, beaucoup de femmes le font. Qu'elles aient déjà trouvé un homme n'y change rien. Elles ne sont pas plus heureuses, et lui non plus. Il vaut mieux vivre seule que de mourir en couple à petit feu.

Les hommes dans notre culture ont été gâtés, traités avec plus de complaisance que de véritable respect. Nous leur avons permis de penser que la femme n'est rien d'autre qu'un corps, qu'une tête de linotte qui ne pense qu'à ses vêtements, qu'un objet sexuel, et nous l'avons fait en agissant par moments comme si nous n'étions réellement rien d'autre que ces choses. La femme est un mystère qu'il faut des années et de l'humilité et beaucoup de patience pour arriver à sonder. Étant nous-mêmes devenues aveugles à cette réalité, nous passons l'éponge encore et encore sur les attitudes les plus irrévérencieuses. Nous n'avons pas réussi à enseigner à nos garçons, encore moins à nos filles, combien magnifique est la femme.

Brisez la chaîne. Ne laissez pas votre dernier amant gâcher la vie d'une autre femme. Ne faites pas comme s'il s'agissait de chaussures inconfortables qu'on retourne au magasin sans penser à celle qui en héritera; si c'est un bébé gâté qui ne comprend rien à rien, dites-lui ses quatre vérités. Puis laissez-le tomber. Nous avons vécu trop longtemps au cœur des ténèbres; bientôt nous serons au cœur de la lumière.

3

UNE AVENTURE MAGNIFIQUE

*La jeunesse nous fait connaître ;
l'âge nous fait comprendre.*

MARIE VON EBNER-ESCHENBACH

Il y a aujourd'hui une force collective qui se dresse sur la terre, une énergie féminine renaissante. Elle prend forme à tous les coins de rue, elle se lance en affaires, elle borde les enfants et rend les hommes fous de toutes sortes de façons. Elle nous connaît à la source. Comme nous-mêmes, elle n'est pas sans vertu. Elle se rappelle notre fonction sur la terre: nous aimer les uns les autres. Elle est venue réclamer ses filles. Elle nous ramène à la maison.

Pendant que l'esprit féminin cherche à s'élever, de nombreuses forces cherchent à le rabaisser. C'est un temps de changement prodigieux, qui verra la conscience humaine passer de la domination mâle à une relation d'équilibre entre le masculin et le féminin. L'archétype de la Déesse ne remplace pas Dieu ; elle ne fait que lui tenir compagnie. Elle exprime son visage féminin.

La résistance à ce changement est plus forte qu'on a tendance à le croire. De toutes les forces agissantes dans le monde d'aujourd'hui, l'annulation, la crucifixion du pouvoir féminin est l'une des plus subversives et des plus violentes au point de vue affectif. Encore et encore, la Déesse est battue, contrée, étouffée – aussi bien physiquement qu'affectivement, dans la politique que dans les affaires sociales – par des hommes et des femmes pareillement. Chaque fois qu'une femme est violée ou battue, chaque fois qu'une femme est attaquée sur la rue ou dans les journaux pour la seule et unique raison qu'elle est une femme, chaque fois qu'une femme forte est tenue à l'écart du monde du travail parce que sa présence y constituerait une menace pour l'ordre ancien – nous assistons aux échauffourées d'une vaste et invisible guerre. C'est le sort réservé à chaque femme vivant aujourd'hui ; quoi qu'elle fasse et quoi qu'elle en pense, l'histoire de sa vie aura ce paysage comme cadre et toile de fond. Ses relations avec les autres et ses rapports avec le monde – avec ses parents, ses enseignants, ses amants, ses enfants, ses amies, son travail, ses employeurs, sa communauté, sa culture – ont été, sont et seront affectés par cette gigantesque conflagration.

Nous n'avons pas le choix que cela ait lieu ou non. Le seul choix que nous ayons est d'ouvrir ou non les yeux. Lorsque nous choisissons d'ignorer volontairement ces forces qui tourbillonnent autour de nous, nous subissons les conséquences de toute l'ignorance du monde, et nous demeurons à la merci de forces en apparence incontrôlables. S'il arrive que nous nous éveillions à la vérité du moment, il nous est alors donné de nous introduire consciemment dans l'une des ouvertures les plus importantes de l'histoire humaine. Nous avons l'occasion de forger le mariage du féminin et du masculin, le plus puissant et le plus vibrant que la terre ait connu depuis des siècles – peut-être le plus beau qu'elle ait jamais connu.

L'histoire ne commence pas avec des femmes adultes massacrées au travail ou dans la presse. Elle commence avec des petites filles innocentes qui acquièrent la conviction, pour une raison ou pour une autre, que la *fille* en eux n'a pas ce qu'il faut pour réussir. À partir de là, elles deviennent des femmes qui cherchent sans cesse à renier leur féminité. À partir de là, elles attirent dans leur vie des gens qui voudront faire la même chose. Si nous voulons démanteler ce désordre social qui opprime les femmes, nous devons commencer par le commencement : il y a très, très longtemps, quand nous étions très, très jeunes.

Plusieurs ont grandi dans des familles dysfonctionnelles, parce que la société moderne est un endroit dysfonctionnel. Mais la quête spirituelle, la route qui mène à la guérison et à la croissance personnelle, est un processus de désintoxication au cours duquel nous prenons conscience et nous défaisons de nos croyances négatives, héritage du passé qui empoisonne maintenant le présent. Nous apprenons à invoquer la flamme qui est en nous, qui ne s'est pas éteinte durant nos années noires et difficiles. Quelle que soit la confusion dans laquelle nous nous sommes empêtrées, des anges nous protégeaient et nous préservaient du danger. Notre esprit n'est pas mort. Il y a une force naturelle éternellement renouvelable qui existe en nous et à laquelle nous avons encore accès, peu importe ce que maman a fait ou n'a pas fait, que papa nous ait aimée ou nous ait négligée, que nous ayons l'impression d'avoir réussi ou raté notre vie jusqu'à maintenant. J'appelle ce havre d'innocence à l'intérieur de chaque femme la petite fille égarée.

« J'aurais pu être une princesse mystique ! J'aurais *dû* être une princesse mystique ! J'étais *censée* être une princesse mystique ! » Tel est le cri de la femme qui a cherché à retrouver sa petite fille égarée. La petite fille égarée est encore en nous – la petite fille qui n'a pas eu la permission de s'épanouir, la petite fille qui avait durant l'enfance des instincts naturels qui ont été anormalement muselés à la puberté, la petite fille qu'on a étouffée par peur de la femme qu'elle allait devenir. Durant des années, nous vivons endommagées, coupées de la véritable expression de qui nous sommes parce que nous ne *savons* pas qui nous sommes. Nous sommes insensibles à nos propres énergies créatrices. Personne n'a réservé une place pour notre magnificence, et maintenant nous ne la retrouvons plus. Jeunes filles, nous avons été écrasées. On nous a regardées avec suspicion au moment même où quelqu'un aurait dû donner le signal des applaudissements. Nous ne savons pas comment être des femmes parce qu'on nous a enseigné qu'il n'était pas correct d'être des filles. Nos impulsions les plus naturelles ont été faussées et déformées. Nous étions comme de la lave qu'on a coulée dans des moules de plastique.

Récemment, j'ai rencontré une jeune femme d'une vingtaine d'années qui était profondément déprimée. En la regardant, je me suis vue quinze ou vingt ans plus tôt. J'ai reconnu en elle tous mes désespoirs, toutes mes terribles appréhensions. Je lui ai demandé pourquoi elle se sentait si malheureuse. Elle m'a dit que son père ne la comprenait pas, qu'il ne voulait pas payer pour sa thérapie ou pour l'aider à déménager dans une autre ville. Elle disait qu'elle essayait de faire son chemin dans le monde mais qu'elle n'arrêtait pas de trébucher. Elle n'arrivait pas à fixer son choix de carrière ; elle se trouvait grosse ; elle se sentait inadaptée ; elle était toujours gênée et elle avait l'impression que les autres se moquaient d'elle.

En réalité, cette jeune fille était délicieusement belle, aussi grosse que le pape est Juif et aussi dépourvue de cervelle que Susan Sontag. Voilà une fille qui ne sait pas comment trouver sa gloire.

Mais c'est pour cela qu'on a vingt ans, lui dis-je. C'est l'âge où la jeune fille se change en femme, où la princesse devient une reine, où l'enfant grandit. Ce n'est pas le temps de penser à ses parents mais bien de se concentrer sur soi-même et sur ses propres habiletés. L'argent de son père avait un prix très élevé, comme toujours. Je lui ai dit qu'on ne trouve pas le genre de protection qu'elle voulait chez un papa mais en Dieu. Qu'elle ne trouverait la sécurité et la paix que si elle regardait en elle-même, tout en cherchant à vivre une vie plus noble et plus élevée, et en embrassant la gloire qui est en elle.

Je lui ai dit qu'une carrière se développe à partir de ce que l'on a en soi ; ce n'est ce que l'on a en soi qui se développe avec la carrière. Son but ne doit pas être de trouver un emploi mais de devenir une femme magnifique. Tel est l'appel mystique qu'entend le cœur de toutes les femmes, et telle est la principale tâche qui nous attend quand nous grandissons. Plus tard dans la vie, il arrive souvent que nous nous attachions à certaines choses, que des responsabilités, des personnes, des situations nous limitent dans le temps et dans l'espace. Mais une jeune fille doit pouvoir voler librement, loin de Papa et Maman, loin des inextricables conventions du monde, loin de l'enfance et jusque dans les bras de la Déesse, qui l'attend. Une dépression peut alors devenir une aventure magnifique.

Lorsque j'avais moi-même à peu près son âge, je travaillais pour un homme qui était, et qui est encore, d'une intelligence époustouflante. À l'époque où je l'ai connu, j'étais une petite fille, une jeune femme comme mon amie, et toutes sortes d'idées tourbillonnaient dans ma tête comme le vent dans une maison à moitié construite. Je savais plusieurs choses que je n'arrivais pas encore à exprimer. Je me sentais différente des autres, incapable de jouer le rôle que le monde dans lequel je vivais m'avait assigné. Quant à cet homme, je savais qu'il ne pouvait pas vraiment me voir. Tout de même, je sentais qu'un jour je pourrais dire que j'avais réussi ma vie, et je savais qu'il en serait le premier surpris.

Tout ce qu'il disait concernait les faits ; tout pouvait être mesuré et prouvé par l'esprit scientifique. Moi, avec ma sensibilité d'écorchée vive, je savais que les leçons auxquelles je devais prêter attention n'étaient pas celles de l'intellect mais celles que m'enseignaient les épreuves de mon cœur. Je savais que ces leçons avaient plus de rapport avec le monde de demain que tous ses faits et ses chiffres mis ensemble. Le cœur serait le langage de l'avenir parce que le cœur est l'endroit où se loge la douleur.

J'ai lu dernièrement qu'il avait dit de moi : « C'est bien la dernière personne au monde à qui l'on aurait pu prédire une telle réussite. » J'ai ri en lisant cela. Je comprends sa façon de penser. Selon le préjugé masculin, les comportements typiquement féminins sont des signes de faiblesse ; et quand je travaillais pour lui, j'étais en train de développer un esprit féminin. Beaucoup de larmes, plein de drames. Durant des milliers d'années, les façons d'être et de faire des femmes, nos façons, ont été prohibées. Contrairement à Marie, nous ne sommes pas préparées pour notre rôle. Aucune structure d'accueil, bénévole ou institutionnalisée, ne s'occupe de faciliter notre arrivée sur terre. Nous arrivons dans le monde souillées d'avoir gravi des montagnes de rocaille.

Mais maintenant la Déesse est de retour, Elle est en pleine ascension, et ceux qui n'ont pas d'yeux pour voir resteront dans le noir et ne comprendront rien au périple des femmes autour d'eux. Tandis que la Déesse commence à réclamer Ses filles, il faut prévoir qu'il y aura non pas moins mais de plus en plus de ces jeunes filles qui semblent totalement perdues. La Déesse fait une entrée remarquée. Lorsqu'un système se trouve soudain exposé à un flot d'impressions nouvelles et radicales, il semble sur le point d'imploser avant de faire un saut gigantesque vers l'avant, vers quelque chose de complètement différent. Aussi y a-t-il des millions de jeunes filles qui sont déprimées au point où leurs familles et leurs amis s'inquiètent à leur sujet mais ce qu'elles vivent représente en fait les derniers stades d'une longue évolution vers l'actualisation et le plein éveil de la conscience féminine. Un jour ce seront des reines, et la transition n'aurait pas eu lieu si elles n'avaient pas craqué quand elles l'ont fait.

La princesse devient reine si elle ne dévie pas de sa route. C'est comme s'il y avait une belle enchanteresse dans une bulle lumineuse. Elle se tient devant nous et nous implore de devenir comme elle. La foi en elle fait ressortir ce qu'il y a de meilleur en nous. Nous changeons. Nous devenons différentes de celles que nous étions. C'est le miracle que nous pressentions quand nous étions petites: qu'un jour nous mènerions des vies pleines de joie dans des châteaux enchantés.

Recherchons tout ce qui est vérité, amour et bonté dans la féminité, et demandons grâce, pour nous-mêmes et pour les autres. Demandons que notre féminité soit une bénédiction pour notre communauté, notre famille, nos amies. Demandons sagesse et gouverne afin d'atteindre la plus haute vibration d'humanité dont nous sommes capables. Demandons à Dieu et à Ses nombreux prophètes, à la Déesse et à Ses nombreux visages, de nous montrer ce que nous ne savons pas. À partir de maintenant et de plus en plus chaque jour, nous devenons femmes telles que Dieu nous a voulues. Il n'y a pas de plus haute prière. À partir de maintenant nous aspirons à la joie, car c'est pour cela que nous sommes nées.

La joie est notre but, notre destin. Nous ne pouvons pas savoir qui nous sommes sauf dans la joie. Ne connaissant pas la joie, nous ne nous connaissons pas nous-mêmes. Lorsque nous sommes sans joie, nous tâtonnons dans le noir. Lorsque nous misons sur la joie, nous parvenons à la sagesse. Une femme joyeuse, par sa seule existence, en témoigne. Le monde a terriblement peur d'une femme joyeuse. Ne pliez pas. Soyez joyeuse quand même.

La joie est ce qui nous arrive quand nous nous permettons de reconnaître que les choses vont pour le mieux. Ce n'est pas nécessairement ce qui arrive quand les choses vont comme prévu. Cela nous est arrivé souvent – nous avons trouvé le bon emploi, le bon mari, nous avons eu des enfants – et cela ne nous a pas empêché de désespérer. La joie est ce qui arrive quand nous constatons que le plan de Dieu est parfait et que nous sommes déjà la vedette d'un spectacle parfait. Cela requiert que nous ayons l'audace d'embrasser par la pensée la totalité de notre beauté et l'infinie puissance que nous possédons à l'instant présent – dans l'état actuel des choses –, par la grâce qui est en constante renaissance à l'intérieur de nous.

Une telle pensée n'est pas arrogante mais humble ; elle n'est pas folle mais réaliste. C'est une appréciation de nos vies avec les yeux que la Déesse nous donne. Je n'ai pas connu beaucoup de joie mais j'en ai connu un peu. Lorsque je suis dans la joie, dans ce cercle doré où tout semble merveilleux sans raison apparente, je tâche de mémoriser la sensation, le terrain, le paysage. J'ai remarqué que je me sentais pleine en de tels moments, envahie par le sentiment que toutes choses étaient justes et bonnes. Je sais que tel est notre état naturel et que notre but de vie est d'en faire un état permanent.

Pour l'instant, la joie est un cadeau, un don de grâce qu'on trouve quand il est là et qu'on ne trouve pas quand il n'y est pas. Mais peut-être peut-on s'exercer à la joie. Peut-être peut-on décider d'être heureuse, de donner la joie au lieu d'attendre qu'elle nous soit donnée. Ceci n'est pas la négation mais l'affirmation du pouvoir qui est en nous. Embrasser la joie guérit la dépression. Ensuite nous devenons celles qui enseignent aux enfants la signification de la joie, tout en laissant les enfants nous l'enseigner également. Nous nous apportons la joie les unes aux autres ainsi qu'aux hommes, aux enfants, à Dieu. Le seul fait de savoir que nous sommes nées pour la joie augmente Sa présence en nous. Notre décision d'être heureuse démontre notre volonté d'abandonner les préoccupations mesquines et négatives qui nous séparent de Dieu. Lorsque nous les abandonnons, une vie plus joyeuse a la chance d'éclore. La Déesse ne combat pas notre douleur ; lorsqu'Elle est dans notre cœur, la douleur a disparu.

Je pense que les femmes peuvent tout avoir, mais pas immédiatement. Il faut des années pour développer pleinement les diverses forces de notre pouvoir. Parmi les idées qui doivent être admises par toutes et défendues par chacune avec vigueur, il y a celle voulant que la vie d'une femme commence à quarante ans. Les Français disent que les femmes s'épanouissent à quarante ans, mais les Nord-Américains n'ont pas encore surmonté leur hantise de la vieillesse, particulièrement chez les femmes. Je me souviens que quand j'étais jeune, j'étais belle comme seules les jeunes peuvent l'être. Mais je sais aussi qu'à cette époque je n'avais aucune idée de ce qui rend une femme glorieuse. Je sais que certaines jeunes femmes d'aujourd'hui savent ce qui fait leur gloire. Elles en savent beaucoup plus que moi à leur âge. Mais les femmes de mon âge ou plus vieilles qui ne le savaient pas avant aujourd'hui devraient pouvoir continuer de s'épanouir aussi longtemps qu'elles vivront. Pour moi et pour plusieurs femmes qui ont passé la quarantaine, les pièces du casse-tête viennent à peine de se mettre en place.

Voici ce que les femmes d'âge mûr désirent : l'allégresse de notre jeunesse combinée à la profondeur que la souffrance des dernières années nous a donnée. Par la grâce de la Déesse, il nous est possible d'avoir les deux. La véritable expérience spirituelle change notre souffrance en quelque chose de beau et lève les lourds fardeaux qui pèsent sur nos cœurs. Plus nous vieillissons, plus nous pouvons devenir légères. Il faut faire des efforts pour aller dans cette direction, parce qu'elle est contraire à celle du monde, mais le but de notre vie n'est-il pas d'aller en sens inverse du monde ?

Ce ne serait pas un système éclairé si la règle était de travailler fort, de trouver enfin la joie, d'en faire l'expérience pour un temps relativement court, puis de vieillir et de mourir. À moins que nous ne parvenions à une compréhension plus large et plus charitable de l'âge et de la vieillesse, nos accomplissements sur cette terre ne seront jamais que de cruelles parodies des efforts et de la souffrance qu'ils nous auront coûtés.

Imaginons une femme dont la vie s'améliore avec l'âge. Vieillir n'est pas nécessairement mauvais. En fait, cela pourrait être magnifique si nous prenions nos vies spirituelles plus au sérieux. Entre vingt et trente ans, quoique nous prétendions le contraire, ce que pensent les voisins est l'une de nos plus grandes préoccupations. C'est le temps où nous sommes le plus tentées de vivre pour les autres. Aux abords de la quarantaine, il nous apparaît tout à coup évident que les voisins vont nous aimer ou ne pas nous aimer quoi que nous fassions, que les voisins ont aussi des chaussettes pleines de trous, merci beaucoup, et nous comprenons alors à quel point l'opinion des autres est une chose sur laquelle nous avons peu de prise.

Et l'opinion des autres ne devrait pas non plus avoir de prise sur nous. Si une femme a envie d'un *lifting*, qu'elle le fasse. Il y a trop de « vous devriez... vous ne devriez pas » faits aux femmes ces jours-ci. Qu'une femme prenne des hormones, veuille avoir un *lifting*, veuille dire son âge ou veuille parler de la ménopause, c'est son affaire à elle et à personne d'autre. Il y a une part d'intimité dans le cœur d'une femme qu'on ne devrait jamais violer, et certainement pas davantage au nom du féminisme. Nous faisons de notre mieux. Quelles que soient les idées qui nous viennent durant ce lent éveil de la conscience, laissez-nous faire et laissez-nous vivre. Ce qui se passe en nous a de l'importance ; tout le reste est accessoire et devrait être traité comme tel. Quand nous nous souviendrons que nous sommes des reines cosmiques, ces questions ne se poseront même plus. C'est la seule solution à tous nos traumatismes, petits et grands.

Nous pouvons cesser de lutter pour obtenir l'amour, le pouvoir et le prestige parce qu'il y a des jours où ces choses nous sont données et d'autres où elles nous échappent. Mais si nous misons sur elles pour survivre, nous sommes sûres de trouver le désespoir. Et nous deviendrons de plus en plus désespérées à mesure que nous vieillirons. Vieillir nous effraie parce que la maturité nous effraie, les responsabilités nous effraient. La trentaine est l'âge où nous devons commencer sérieusement à devenir des adultes, à assumer nos responsabilités envers notre famille et notre communauté. La quarantaine devient l'âge où nous commençons à nous améliorer dans ces domaines, à acquérir une certaine maîtrise. Dans la cinquantaine, nous devrions pouvoir briller. Les gens de cinquante ans et plus sont comme un vin qui a du corps. Dans la soixantaine, nous pourrions, en plus de briller, commencer à montrer aux autres, ceux qui viennent après nous, comment faire ce que nous avons fait.

Sans vie spirituelle, que nous reste-t-il ? Quel but nous reste-t-il à atteindre ? Où cherchons-nous réponse à nos questions ? Dans les magazines ?

Voici quelques principes de base pour un renouveau de spiritualité, pour avoir moins peur de vieillir. Premièrement, méditez : méditation transcendantale (celle que je préfère), méditation chrétienne, juive, bouddhiste, les yeux ouverts, par pleine lune, méditation quaker – ça n'a pas d'importance. Méditez. Aussi, priez. Adonnez-vous chaque jour à une pratique spirituelle quelconque – religieuse, non religieuse, peu importe. Par-dessus tout, essayez de pardonner. Et enfin, prenez soin de votre corps. Faites du yoga ou une forme équivalente d'exercices physiques et psychiques combinés.

Ne comptez pas sur votre mari, votre amant, vos enfants, votre travail, votre argent ou votre thérapeute pour vous rendre heureuse. Ce n'est pas leur fonction, et cela dépasse leur pouvoir. Comptez sur vous-même, et sur la Déesse qui est en vous, et prenez la responsabilité de votre propre état d'esprit.

Les femmes peuvent être des expertes dans l'art du conditionnement négatif. Nous nous rappelons sans arrêt ce qui ne va pas : notre visage, nos cheveux, nos relations, notre travail, la température, le comportement de quelqu'un d'autre. Quelquefois nous avons de bonnes raisons de nous plaindre ; d'autres fois, nous critiquons parce que notre esprit a pris le pli de critiquer. Peu importe la raison, c'est toujours nous-mêmes, en définitive, que nous attaquons. Nous programmons notre subconscient – la partie du cerveau qui enregistre nos pensées et les reproduit dans la réalité – pour qu'il nous fabrique la vie que nous lui décrivons. Et le lendemain matin, magiciennes que nous sommes, ô miracle, nous avons une vie nouvelle, encore plus négative que la veille.

Quelqu'un m'a donné une tasse de café sur laquelle il est écrit : N'ENTRETENEZ AUCUNE NÉGATIVITÉ. Si seulement je pouvais être aussi forte. Dans les derniers instants de l'année 1992, j'étais avec des amis et nous attendions les douze coups de minuit quand j'ai griffonné sur une feuille de papier : « En 1993, je ne répéterai plus d'histoires négatives. » Nous ne sommes pas puissantes juste un peu ; nous sommes terriblement puissantes. Chaque fois que nous disons une parole négative, nous réalisons l'ébauche mentale d'une chose négative. On ne peut pas échapper à cette loi de l'esprit. Ainsi nous pensons, ainsi en sera-t-il.

Voici une autre suggestion utile. Choisissez une affirmation qui vous convienne, qui convienne à vos espoirs et à vos désirs. Essayez d'éviter les choses trop précises et concentrez-vous plutôt sur la femme que vous voulez être. Vous pourriez dire : « Je suis une glorieuse enfant de Dieu. Je suis joyeuse, positive et aimante. » Écrivez votre affirmation sur plusieurs bouts de papier. Épinglez-les sur les murs de votre maison ou sur le tableau de bord de votre voiture. L'esprit est plus puissant que toutes les circonstances extérieures. Si vous répétez votre affirmation dix fois par jour, particulièrement en conjonction avec la méditation, votre vie changera.

Les techniques spirituelles ne peuvent pas ne pas fonctionner. La question n'est pas de savoir si elles fonctionnent mais si nous les mettons vraiment en pratique. Si nous nous rappelons souvent la femme que nous désirons être, alors la femme qui se faisait passer pour nous depuis tant d'années rendra son dernier souffle et nous redonnera notre vie.

Les jours où je fais ces choses – et je sais, ayant moi-même atteint les quarante ans, qu'il est important de les faire toutes –, je me sens bien. Les jours où je ne les fais pas, je ne me sens pas aussi bien. Et je dois avouer qu'il y a des jours dans le mois où rien de rien ne peut me rendre heureuse. On ne peut rien faire contre le syndrome prémenstruel. La dépression chimique est encore plus dure à vaincre. Il y a des moments et des situations lors desquels, en dépit des exercices, nous continuons de pleurer et de souffrir. Mais je parle en général, pour la grande majorité de nos jours. Essayez ces choses – la méditation, la prière, le yoga et les affirmations – et votre vie dans son ensemble deviendra plus agréable et plus paisible.

Par moments nous avons besoin d'une retraite spirituelle, d'une retraite entre femmes, de vacances ou d'un congé pour nous ressourcer. Il est important de pouvoir tout laisser derrière soi de temps en temps. Mais la sérénité et la paix que procure une retraite ne devraient pas se limiter aux jours que nous passons loin de la maison ; nous devons nous engager à incorporer dans notre vie quotidienne les conditions qui favorisent l'éclosion de la paix et de la sérénité. Tant de choses en nous peuvent fleurir lorsque nous faisons taire les bruits du monde extérieur. La recherche de la paix intérieure implique un changement de style de vie. Même les enfants peuvent apprendre qu'à certaines heures, Maman a besoin d'être seule.

Nous résistons autant que nous aspirons au repos que procurent les vacances. Plusieurs personnes organisent leur vie de façon à être constamment occupées, et elles vivent un stress permanent qui les fait paraître dynamiques. C'est encore une ruse de l'esprit négatif : bâtir autour de soi un mur d'agitation fébrile qui rend impossible l'expérience d'une véritable vie intérieure. Nous perdons énormément d'énergie et de pouvoir personnel en laissant cette ruse nous détourner ainsi des pratiques spirituelles quotidiennes. La vie spirituelle est notre vie intérieure, et la femme est perdue sans ce lien qui la relie au Dieu et à la Déesse qui sont en elle.

Quant à l'apparence physique – qui sait si les beaux jeunes hommes s'intéresseront encore à nous quand nous serons plus vieilles ? À vrai dire, qui sait si les hommes de notre âge ou même plus vieux s'intéresseront encore à nous ? À ces questions, je réponds : « Et alors ? » Nous les aurions rencontrés quand nous étions jeunes et ces hommes-là auraient quand même fini par se désintéresser en nous voyant vieillir.

Faites confiance aux hommes. Il y a une nouvelle race d'hommes, tout comme il y a une nouvelle race de femmes. Ils sont assez jeunes, certains d'entre eux, et ils sont aussi plus vieux. Ils apprennent, ils grandissent, et ils sont partout.

Tenez bon. Prenez soin de vous. Tâchez de vivre une vie plus belle et pleine d'amour. Ils ne peuvent pas ne pas vous trouver. Votre charme est immense et invisible et réel.

Et maintenant ? Des ententes. L'entente selon laquelle nous ne nous ferons pas de mal les unes les autres, nous nous soutiendrons les unes les autres. Nous protégerons les enfants et guérirons la terre. Nous ferons de l'amour un art, et nous aimerons comme des artistes.

Une femme est faite pour tenir le cœur du monde entre ses mains. Elle doit le nourrir et en prendre soin et l'embrasser lorsqu'il pleure. Nous sommes faites pour attiser le feu dans nos foyers, le feu dans nos cœurs. Nous sommes faites pour préparer les aliments, les aliments spirituels d'amour et de compassion. Nous sommes faites pour nous occuper des enfants, non seulement des nôtres mais de tous les enfants. Lorsque nous ne prenons pas conscience de notre fonction cosmique, notre propre cœur se brise, et le cœur du monde se brise aussi.

Tout comme les enfants grandissent en se livrant à des jeux où ils s'imaginent à l'âge adulte, nous-mêmes sommes censées grandir en nous imaginant plus grandes que nous le sommes maintenant. Vous n'avez pas à vous excuser d'être brillantes, talentueuses, belles, riches ou intelligentes. Votre réussite n'enlève rien à personne d'autre. En fait, elle augmente les chances que d'autres réussissent à leur tour. Votre argent augmente votre capacité de donner de l'argent aux autres, et votre joie augmente votre capacité de donner de la joie aux autres, et votre amour augmente votre capacité de donner de l'amour aux autres. Se contenter de peu n'aide personne. C'est un jeu malsain. C'est une vieille façon de penser, et c'est mortel pour la planète. Arrêtez immédiatement. Revenez au château où vous êtes chez vous.

4

EMBRASSER LA DÉESSE

*Une conception juste de la relation entre les sexes
n'admettra pas l'idée de conquête et de soumission ;
elle ne reconnaît qu'une chose qui soit vraiment grande :
faire don de soi sans réserve,
de façon à se trouver soi-même plus riche,
plus profond, meilleur.*

EMMA GOLDMAN

L'histoire moderne des relations amoureuses ressemble dans bien des cas à une suite de variations sur un même thème : La conspiration entre les hommes et les femmes en vue de tuer la Déesse. Toutes les fois qu'une femme se rabaisse elle-même ou qu'un homme maltraite une femme ou qu'une femme donne son corps à un homme qui ne l'adore pas ou qu'un homme renie son véritable amour – nous essayons d'assassiner la Déesse. Mais la Déesse ne peut pas mourir. On peut La torturer, mais on ne peut pas La tuer.

Une amie m'a parlé récemment d'un homme très puissant sur la côte est des États-Unis qui s'est fait une réputation de cruel don Juan en séduisant des femmes soi-disant puissantes elles-mêmes. La question, bien sûr, est la suivante : Comment une femme puissante en arrive-t-elle à laisser un homme se jouer d'elle de la sorte ? Quelle blessure d'amour-propre peut la rendre aussi vulnérable à ce type de sadisme émotif ? Peut-être, suggéra mon amie, pourrais-je aborder la question dans mon livre.

« Mon livre ne portera pas sur cela, lui répondis-je. Cet homme est un dinosaure. Son espèce est sur le point de s'éteindre. » Ces dernières années, des milliers d'entre nous ont entrepris une thérapie, ont assisté à des conférences, ont lu abondamment et ont exploré tous les autres moyens de croissance personnelle justement pour apprendre à éviter des hommes comme lui. Nous avons prié. Nous nous sommes agenouillées. Où étaient ces femmes ? Suivez une thérapie. Allez dans une bonne librairie. Les mots à la mode, maintenant, sont *guérison, bien-être, ramener la joie*.

Je connais une bonne histoire à propos de cette attirance pour les hommes dangereux et sur la façon d'en guérir. L'histoire dit qu'au début, quand on est vraiment malade, on ne sait même pas reconnaître un serpent quand on en voit un. Quand on commence à se soigner, on voit un serpent et on sait que c'est un serpent, mais on joue quand même avec lui. Quand on est vraiment en phase de guérison, on voit un serpent, on sait que c'est un serpent, et on traverse de l'autre côté de la rue.

D'ici là, tout le monde aura beau vous répéter que cette personne est dangereuse, vous n'entendrez rien parce que vous croyez que vous êtes différente ou qu'il sera, lui, différent avec vous, ou encore que vous êtes peut-être la première à voir vraiment toute sa sensibilité. On ne peut pas accélérer le processus au bout duquel nous arrêtons simplement d'être attirées par la douleur. C'est une longue route pour certaines d'entre nous. C'est beaucoup de travail. Il faut faire preuve d'une profondeur de pensée et d'un courage dont nous n'avons pas l'habitude. Mais on le fait de plus en plus, partout dans le monde. C'est le *vrai* travail de libération, celui qui aura pour résultat final de toutes nous libérer, et on ne trouve pas beaucoup d'excuses dans le monde d'aujourd'hui pour ne pas se joindre soi-même à ce travail.

Il n'y a pas beaucoup de mystère ici. La maladie n'est pas tellement intéressante. Quand vous étiez petite, Papa s'est arrangé pour vous faire savoir que vous n'étiez pas si extraordinaire que ça, de sorte que n'importe quel homme qui vous livre le même message des années plus tard vous apparaît comme étant celui avec qui vous êtes faite pour vivre. Il vous est familier parce qu'il est distant et qu'il désapprouve plus ou moins ouvertement. En y regardant de plus près, nous nous rendons compte que ce n'est pas seulement Papa qui est devenu un peu fou quand nous avons atteint la puberté. C'est le monde entier. Notre sexualité naissante n'a pas seulement fait paniquer Papa, qui ressentait envers nous à la fois de l'attirance et de la répulsion. Elle a fait paniquer Maman aussi, qui était jalouse, et nos professeurs, qui faisaient le même genre de projections. Elle a fait paniquer toute la société dans laquelle nous avons grandi, parce que dans ce pays on pense encore que le sexe est malsain. Et plus nous devenions femmes, plus nous devenions dangereuses aux yeux du monde. Personne n'avait conscience de tout cela. Nous avons *conscience* de très peu de choses dans cette société comme dans n'importe quelle autre. La race humaine au complet est encore plus ou moins dans le brouillard, mais c'est pour ça que nous sommes ici, et c'est certainement pourquoi nous examinons toutes ces vieilles blessures qui nous ont gouvernés inconsciemment pendant des siècles.

❖

Les femmes n'arrivent pas à démêler leurs idées quand il est question de pouvoir, les hommes non plus d'ailleurs. Le pouvoir féminin n'est pas quelque chose d'extérieur qu'on doit s'efforcer d'acquérir; parce qu'il est déjà en nous. C'est quelque chose qu'on expérimente quand on est prête à le faire. C'est une chose qui se possède. Une chose qu'on accepte en soi.

Autrement, notre pouvoir positif demeure inexprimé. Il est là, mais il ne fonctionne pas. Nous sommes branchées sur quelque chose que nous ne savons pas comment faire démarrer. Ayant appris des autres que le pouvoir des femmes fortes était suspect à bien des égards, nous avons de la difficulté à embrasser notre propre pouvoir. Nous avons peur. Mais la Déesse s'apprête à corriger notre façon de penser. Sa clé, le démarreur, le miracle, c'est l'amour. Nous sommes ici uniquement pour aimer, et l'amour dissipe la peur. Lorsque nous comprenons que l'amour est la raison de notre pouvoir – que *c'est* notre pouvoir – nous n'avons plus peur de la force qu'il nous confère. Nous sommes prêtes à faire l'expérience intérieure de ce pouvoir, de façon qu'il serve de canal par lequel l'amour de toute l'humanité pourra s'exprimer.

Aussi, si ces femmes puissantes tombent aux mains du don Juan de la Côte Est, ce n'est pas parce que celui-ci cherche consciemment à tuer la Déesse mais parce qu'*elles* veulent La tuer. Ne L'ayant pas elles-mêmes embrassée, elles ne trouvent personne d'autre qui veuille L'embrasser non plus. Elles s'enlisent dans leurs manières de princesses, elles pleurent et s'arrachent les cheveux en criant: «Vous ne pouvez pas me traiter comme ça», quand de toute évidence rien ne l'en empêche. Tant que nous ne possédons pas notre propre pouvoir, nous le cherchons chez les autres, notamment chez les hommes, mais cette quête-là ne nous sauve pas ; elle nous détruit.

Plusieurs femmes se plaignent d'attirer tout le temps « le mauvais genre d'homme ». Ce qu'elles veulent dire, bien sûr, c'est qu'elles-mêmes sont attirées *vers* le mauvais genre d'homme. Elles sont prisonnières mais leur prison a quelque chose de séduisant. Elles veulent désespérément changer de comportement mais il faut croire qu'elles ne sont pas encore assez désespérées. Elles ont trop peu d'estime de soi pour sauver leur propre vie.

Nous abandonnons ce que nous voulons bien abandonner et nous conservons ce que, pour une raison ou pour une autre, nous voulons bien conserver. S'accrocher à ses petites faiblesses comporte des récompenses. C'est une bonne excuse pour ne pas briller. On n'a pas de responsabilité envers le monde quand on passe tout son temps à souffrir. On est trop occupée. L'acceptation du divin en nous est le seul geste, la seule vérité qui nous libère. Cela signifie prendre conscience que nous sommes les filles de Dieu, et les filles de Dieu ne pleurent pas pour des imbéciles.

Lorsqu'une femme tombe amoureuse des merveilleuses possibilités qui sont en elle, les forces qui pourraient restreindre ces possibilités ont de moins en moins d'emprise sur elle. Une relation qui nous maintient dans l'état d'ambivalence caractéristique de la dépendance affective forme un obstacle entre la lumière et nous. Lorsque nous sommes bien certaines de *vouloir* briller – et vouloir connaître la Déesse, c'est vouloir briller –, alors nous attirons dans nos vies le genre de relations qui nous aident à le faire. Tant qu'une femme ne s'est pas donné la permission d'être magnifique, il ne se trouve jamais personne dans sa vie amoureuse pour l'encourager à devenir magnifique ; tant qu'elle cherche à se détruire, elle attire des gens qui la détruisent ; tant qu'elle n'a pas changé l'opinion qu'elle se fait d'elle-même, elle trouve des personnes qui s'entendent pour dire qu'elle ne mérite pas mieux et qu'elle est stupide.

Ce qui revient à dire qu'il faut d'abord s'engager à devenir un certain type de femme avant de penser au type d'homme qu'on aimerait rencontrer. Quand on aura pris un tel engagement envers soi-même, les « bons gars » ne vont pas tarder à faire leur apparition. Pour l'instant, disons simplement qu'ils attendent dans l'antichambre.

Embrassez la Déesse et Sa divine perception de vous. Demandez-Lui qu'Elle vous révèle le vous qu'Elle a en tête. Demandez-Lui qu'Elle vous envoie les personnes et les circonstances qui stimuleront cette force en vous, afin que le monde soit béni par la présence d'une femme dans toute sa gloire. Demandez et vous recevrez. Ne demandez pas, et vous continuerez de recevoir les relations qui vous détruisent. Tant que nous n'avons pas embrassé la lumière, nous sommes vulnérables à la noirceur. Le choix devient facile du moment que la question se pose clairement. Dans les relations comme en toutes choses, nous demandons le ciel, ou nous demandons l'enfer.

Il y a quelques années, mon ami m'a quittée pour une poupée sans cervelle. À vrai dire, il ne m'a pas quittée, et d'après ce qu'en disent les gens ce n'est pas une poupée sans cervelle. Mais mon sentiment, aussi arrogant et aveuglé fût-il, était que j'avais été rejetée pour quelqu'un qui ne m'allait pas à la cheville.

Il n'est pas rare qu'on voie un homme intelligent tourner autour d'une femme qui a du mal à placer deux mots l'un devant l'autre. Pourquoi cela arrive-t-il si souvent ? Je voulais le savoir parce que ma douleur était cuisante. Je savais dans mon cœur que je venais de faire une gaffe monumentale, et je voulais m'amender. J'aurais fait n'importe quoi, je serais allée n'importe où pour apprendre ce que j'avais besoin d'apprendre avant de sortir avec un autre homme. Nous ne pensons jamais aussi clairement à nos amours que lorsque nous ne sommes pas amoureuses. Nous sommes plus humbles, plus en contact avec notre douleur, plus faciles à éduquer. Notre intelligence est toujours plus vive quand ce sont nos émotions qui l'instruisent.

À un autre tournant de ma vie, j'ai vécu une scène qui ressemble à la fin du film *Autant en emporte le vent,* quand Scarlett demande à Rhett ce qui va advenir d'elle s'il la quitte. Dans mon cas, l'homme ne s'en balançait pas, mais il fallait quand même qu'il me quitte. J'ai ensuite dû me prouver à moi-même, et à tous ceux qui dans mon esprit pouvaient s'en soucier, que j'étais capable de me débrouiller sans lui. Imaginez une autre scène, celle où Scarlett dit: «Je n'aurai plus jamais faim.» Mon vœu à moi, proféré avec la même force et la même angoisse, était: «Je n'aurai plus jamais besoin d'un homme.»

C'était une décision bien imparfaite. Je ne pouvais plus l'avoir, alors je devenais comme lui. Je le voulais en moi tellement fort que c'est son énergie à lui que je puisais en moi. J'avais conquis des mondes extérieurs tout comme il l'avait fait. J'exprimais une force et un pouvoir masculins tout comme lui. Mais cela ne m'a pas rapprochée de lui ou d'autres hommes comme lui parce que j'étais devenue un «gars comme les autres», et ce n'est pas ce que la plupart des hommes recherchent chez une femme. Il ne m'avait jamais aimée pour mes qualités de «bon gars».

Je ne sais pas quand mon deuil a commencé, mais je sais qu'il a atteint son paroxysme lorsque je me suis fait damer le pion par la poupée en question. Ce dont je me suis rendu compte c'est qu'elle était en quelque sorte l'ancien moi – pas le moi que je voulais devenir mais le moi que j'avais été et que j'avais abandonné. Elle n'était pas stupide ; c'est moi qui voulait croire qu'elle l'était. Et c'est pourquoi il fallait que je la déteste. Je ne pouvais pas me résoudre à assumer seule toute la haine que je ressentais contre la femme que j'étais devenue, si masculine et insensible.

Je commençais à comprendre ce qui n'avait pas marché, et je comprenais aussi que j'étais loin d'être la seule dans cette situation. Mais il ne suffisait pas de comprendre. Il fallait que je me retienne, ce que je fais encore. Je ne veux pas perdre la force masculine que j'ai développée, l'efficacité de l'homme du monde, la capacité d'influer sur les choses qui me tiennent à cœur. C'est une partie de moi et c'est une part importante de ce que nous sommes toutes. Il était certainement nécessaire sur le plan social que les femmes actualisent leur pouvoir masculin comme elles l'ont fait.

Mais j'avais besoin de considérer les choses d'une façon plus globale. En ce qui concerne mes relations intimes avec les hommes, je veux faire une majeure en féminité et une mineure en masculinité. Sur l'estrade de la conférencière, je suis l'énergie masculine, active, par rapport à la réceptivité féminine de l'assistance. Après le travail, si je suis intime avec un homme, je veux faire l'expérience de la femme en moi. Et je n'essaie plus de me convaincre que tout irait aussi bien pour lui, ou pour moi, si nous faisions les choses différemment. Ce qui ne veut pas dire que les rôles ne sont pas inversés de temps à autre. Cela signifie que, la majeure partie du temps, il est masculin et moi féminine.

Le masculin est actif, le féminin est passif ; le masculin est dynamique, le féminin est magnétique. Le masculin *agit* tandis que le féminin *est.* Le syndrome névrotique de l'Amazone est en partie attribuable au fait que nous avons toutes appris à jouer le rôle des hommes ; à aller vers lui avant qu'il ne vienne à nous, à lui téléphoner, à prendre les devants. Nous apprenons seulement maintenant que c'était une erreur, et il faut nous attacher les mains derrière le dos, nous mordre la langue, cacher notre carte de crédit.

La plupart des femmes veulent un homme masculin, mais il n'y a pas moyen d'en avoir un à moins de redevenir des femmes féminines. Sur le coup, nous sommes indignées d'apprendre une chose pareille parce que nous pensions faire nos bonnes petites filles en développant notre côté masculin. Nous pensions que c'était la vraie valeur d'un être, que c'était le vrai pouvoir. Nous en sommes venues à tenir les femmes – à commencer par Maman, habituellement – pour faibles et inefficaces, alors nous avons voulu devenir comme Papa. Et, bon Dieu ! nous y sommes parvenues.

Durant les années soixante, le développement des garçons et des filles a changé parce que nos parents ont adopté ce qu'ils croyaient être une approche plus émancipée de l'éducation des enfants. Papa donnait une tape sur l'épaule de sa petite fille lorsqu'elle accomplissait quelque chose dans le monde, il lui disait combien il était fier – et il était sincère. De toute façon, il ne savait pas quoi faire avec toutes ces histoires de filles, puisque les émotions que cela soulevait en lui étaient si menaçantes. Nous abordions une ère nouvelle, moderne. Les sexes seraient égaux. Les filles étaient libres... d'être exactement comme les garçons.

Durant mon enfance, mon père était un avocat de l'immigration bien connu et ma mère était une ménagère. Mon père recevait d'incessantes accolades pour son admirable dévouement à la cause des pauvres immigrants. Ma mère, en ce qui me concernait, ne faisait rien qui ait une quelconque importance dans le monde. À l'époque, je ne pensais pas que conduire les enfants à leur cours de ballet, établir l'horaire des réunions d'Éclaireuses ou coudre des vêtements de poupée était un travail important. Aujourd'hui, je vois les choses différemment. Je vois que je n'étais qu'une jeune fille parmi des milliers d'autres qui décidèrent consciemment que la vie de leur mère était insignifiante tandis que la vie de leur père était fascinante et importante. La clé du succès, me semblait-il, était de grandir et de devenir comme Papa.

Inconsciemment, je me suis créé une carrière qui ressemble à celle de mon père. Lorsque j'ai commencé à donner des conférences au sujet du *Cours sur les miracles* au début des années quatre-vingt, je me suis trouvée entourée de personnes aux prises avec de sérieux problèmes, dont plusieurs qui avaient contracté le virus du sida et d'autres maladies graves. J'étais plongée dans un monde peuplé de gens qui souffraient davantage que moi, et la règle morale autant que professionnelle voulait que je sois la femme forte qui soutienne les autres. Inconsciemment, j'avais créé une carrière pareille à celle de Papa. J'étais devenue ce qu'on appelle en termes jungiens la fille de son père.

J'ai appris dès le début à appliquer une certaine discipline à mes entreprises professionnelles. Semaine après semaine, mois après mois, je me rendais à des conférences, à des groupes de prière, de soutien, dans les chambres d'hôpital, aux mariages, aux funérailles. J'ai fondé des organisations, j'ai eu un enfant, j'ai écrit un livre. Je savais qu'il fallait que je sois forte, et je croyais que la force ne pleurait pas. J'avais vu de la force dans la froideur de mon père et de la faiblesse dans la sensibilité de ma mère. Je voulais être forte comme mon père. Je ne pouvais pas me mettre à pleurer à des funérailles si c'était moi qui officiait le service funèbre. Si une mère pleurait son fils, je ne pouvais pas m'effondrer devant elle. Je voulais être l'épaule sur laquelle elle pourrait se reposer. Je ne voulais rien faire qui aurait menacé ma capacité de remplir avec force mon rôle de mère poule. Ce que je ne comprenais pas, c'est que j'étais devenue non pas une mère poule mais un père poule.

J'étais pleine de tendresse et de compassion mais je pensais que le fait d'exprimer cette tendresse aurait pu restreindre mon pouvoir. J'avais bâti un mur autour de moi qui m'isolait de mes émotions, et il me semblait que c'était nécessaire pour mieux servir les autres. Il m'a fallu faire un grand effort de volonté pour bâtir ce mur, mais je vois maintenant que ce n'était pas de la force. La négation des émotions par le refoulement ou le repli sur soi est un geste faible et non courageux.

Ainsi reconnaît-on l'Amazone et sa névrose : la femme qui réussit au prix de sa propre tendresse. Depuis qu'elle est toute petite, on lui a inculqué lentement mais sûrement l'idée que ses émotions sont moins importantes que ses accomplissements, peut-être même incompatibles avec eux. Et l'amour qu'on lui donnait en récompense de ses accomplissements, en admettant que ce soit bien de l'amour, n'est pas le genre d'amour qui vous réchauffe la nuit.

Une femme qui ne respecte pas ses propres émotions ne doit pas s'attendre à ce que les autres les respectent. Les gens diront qu'elle est un mystère difficile à sonder. J'en ai fait l'expérience de diverses et pénibles manières. Lorsque j'ai commencé à me rendre compte de l'énorme prix qu'il fallait payer cette dissociation entre moi-même et mes émotions, j'ai fait ce que j'avais à faire pour qu'elles remontent à la surface. Beaucoup de thérapie, beaucoup de travail, beaucoup de souffrance. Et puis, il est arrivé exactement ce que je craignais le plus, eh oui, j'ai commencé à perdre les pédales. J'officiais le service funèbre de quelqu'un que je connaissais à peine et je ne pouvais plus m'arrêter de pleurer. Mais ce n'était qu'une phase. J'ai traversé cette période pleurnicharde et j'en suis sortie plus forte et plus tendre, plus vulnérable et plus disponible.

❖

Habituellement quand on pense au pouvoir, on pense au pouvoir extérieur, et quand on pense aux gens puissants, on pense à ceux qui ont réussi dans le monde. Quand on pense à une femme puissante, on ne pense pas nécessairement à quelqu'un qui a beaucoup d'argent, mais c'est quelqu'un qui s'est fait connaître d'une façon spectaculaire par son audace ou par son brio. Lorsqu'on pense à un homme puissant, on pense à sa capacité de manifester l'abondance – ordinairement l'argent – dans le monde.

La plupart des gens disent qu'une femme puissante est mieux assortie avec un homme puissant, qu'elle a besoin de quelqu'un qui peut comprendre l'importance de sa situation, d'un homme qui se trouve au même niveau ou à un échelon supérieur sur l'échelle du pouvoir. Cela est vrai si le pouvoir est défini par l'abondance matérielle. Un couple dans lequel la femme fait plus d'argent que l'homme se heurte souvent aux préjugés de la société. Une femme qui définit le pouvoir d'une façon purement matérialiste peut difficilement relaxer dans les bras d'un homme qui n'en a pas.

Si le pouvoir est considéré comme une affaire purement intérieure, alors la situation change du tout au tout. Le pouvoir intérieur concerne moins l'argent ou la position sociale et davantage l'épanchement émotif, la spiritualité et la conscience de vivre. Lorsque nous nous rendons compte que la force intérieure est tout ce qui compte vraiment, nous nous apercevons par le fait même qu'il nous est souvent arrivé de fuir certains hommes qui n'étaient pas puissants dans le monde non pas parce qu'ils n'étaient pas assez puissants mais parce qu'intérieurement ils étaient trop puissants, et qu'ils nous rappelaient par là tout le travail qu'il nous restait à accomplir sur nous-mêmes.

J'avais l'habitude de penser que j'avais besoin d'« un homme puissant », de quelqu'un qui pourrait me protéger contre la dureté et la méchanceté du monde. Ce dont je me suis rendu compte, c'est que la méchanceté du monde à laquelle je suis confrontée est un reflet de mes propres états intérieurs, et personne ne peut me protéger contre mon esprit. L'homme puissant que je cherchais serait donc d'abord et avant tout quelqu'un qui m'aiderait à marcher droit sur la voie de ma spiritualité, de sorte qu'en ayant toujours une même clarté d'âme et d'esprit la vie me poserait moins de problèmes. Lorsque les choses s'envenimeraient, il m'aiderait à pardonner.

Je ne veux plus de quelqu'un qui me dirait: «Ne t'en fais pas, chérie. S'ils te font du mal, je vais les tabasser ou les acheter.» Je veux plutôt quelqu'un qui prie et médite régulièrement avec moi de façon à ce que les monstres du monde extérieur soient moins nombreux à troubler ma sérénité, et qui, s'il arrive que je sois troublée, m'aide à chercher les réponses dans ma propre conscience au lieu d'user d'un faux pouvoir pour combattre un faux pouvoir.

Il y a une grande différence entre un homme gentil et un homme faible. Les hommes faibles nous rendent nerveuses. Les hommes gentils nous rendent calmes.

❖

Plusieurs d'entre nous ont désiré, ou désirent encore, se marier. Pour quelle part ce désir est-il naturel, et pour quelle part est-il culturel ? Ce qui est naturel, c'est notre désir de l'être aimé. Ce qui est culturel, c'est notre tendance à oublier qu'une feuille de papier ne peut pas souder deux cœurs l'un à l'autre. La question n'est pas de savoir si nous allons nous marier, mais si nous allons laisser le choix d'un quelconque style de vie empiéter sur notre capacité de voler.

L'important, si l'on décide de se marier, est de ne pas abandonner son esprit de liberté. J'ai déjà entendu quelqu'un dire qu'une femme mariée ne pouvait pas écrire. Je ne pense pas que cela soit vrai, mais je comprends ce que cette personne voulait dire. Le mariage n'est pas qu'une convention mais on le vit souvent comme s'il s'agissait uniquement de cela et alors il rabaisse au lieu d'élever l'esprit d'une femme. L'esprit créateur s'épanouit dans la liberté et l'audace. Plusieurs des femmes les plus créatives de l'histoire ne se sont jamais mariées. Quant à la prêtresse des jours anciens, n'y songez même pas. Les prêtresses étaient des sirènes spirituelles, et plusieurs hommes se sont noyés.

La culture patriarcale se sent menacée par la femme qui ne se marie pas. Si un homme ne se marie pas, on l'appelle célibataire. Si une femme ne se marie pas, on l'appelle vieille fille ou pimbêche. Qu'y a-t-il dans une femme qui ne s'est pas mariée qui représente un tel danger pour l'ordre patriarcal ? Principalement, c'est que nous n'appartenons à personne si nous ne sommes pas mariées. Personne n'a d'emprise sur nous ni sur nos enfants. Qui sait, dans ces conditions, ce que nous pourrions dire ou faire ?

La majeure partie des préjugés contre les femmes sont inconscients. Plusieurs de ceux qui se montrent le plus intraitables à l'endroit des femmes passionnées – et les femmes libres sont des femmes passionnées – se considèrent eux-mêmes comme des libéraux, voire des féministes. Il leur semble tout à fait évident que la cause des femmes est importante; ce qui ne leur apparaît pas évident, c'est combien eux-mêmes conspirent en vue d'étouffer le pouvoir des femmes.

Le pouvoir des femmes transcende ce qu'il est convenu d'appeler les questions féministes. Le pouvoir dont je parle, les femmes l'auront acquis lorsqu'elles prendront part activement à toutes les conversations – aussi bien sur la scène publique qu'à la table à dîner – et qu'elles le feront avec la même liberté de conscience affective dont jouissent les hommes; c'est-à-dire lorsqu'elles n'auront plus à craindre d'être punies de quelque façon que ce soit; lorsqu'elles sauront qu'on ne mettra pas en doute leur féminité si elles osent parler; lorsqu'elles pourront vraiment sortir au grand jour et entrer dans la danse tout en sachant que les hommes autant que les femmes les encouragent à le faire. Tant que cela ne sera pas accompli, les libertés acquises, politiques, économiques et reproductives, ne suffiront pas. Nous ne serons pas libres tant que nous ne parlerons pas ouvertement sans avoir à craindre que les hommes nous crucifient, que les femmes nous crucifient, que la presse nous crucifie, ou que nos enfants soient humiliés.

Le véritable principe politique de la libération des femmes est un principe d'humanité. C'est la profondeur sous la surface, c'est l'énergie dans la pièce où l'on se trouve – excepté la chambre à coucher, parce que là nous avons obtenu notre liberté dès qu'on a découvert que la danse était beaucoup plus agréable quand nous étions libres de nos mouvements. Mais en dehors de la chambre à coucher, nous ne sommes toujours pas des partenaires égaux, et tant que nous ne le serons pas, le monde ne sera pas guéri. Les femmes demeureront des esclaves tant qu'elles auront à choisir entre parler et être aimées.

À propos du fameux « duel à Capitol Hill » entre Anita Hill et Clarence Thomas, une amie m'a raconté une histoire intéressante. Elle m'a dit qu'elle avait regardé les auditions télévisées en compagnie de quelques couples mariés. Hormis elle-même et deux autres femmes, toutes les épouses demeuraient silencieuses. Leurs maris, en revanche, discouraient sur la honte qu'ils ressentaient et faisaient valoir leurs points de vue tout à fait libéraux sans se rendre compte, apparemment, de ce qui se passait dans la pièce où ils étaient. Leurs femmes se comportaient en bonnes petites filles, assises sagement sans rien dire, permettant ainsi à leurs maris de paraître brillants et perspicaces.

En aurait-il été autrement si les couples n'avaient pas été mariés ? Je ne sais pas. L'important ici n'est pas le mariage mais la relation même entre les femmes et les hommes. Ce qu'il faut remettre en question, c'est notre façon d'être en couple. Que l'on soit marié ou non a de moins en moins d'importance à notre époque où la définition du mariage change de jour en jour, comme tout le reste d'ailleurs. Ce qui d'après moi est révélateur dans cette histoire, ce n'est pas que les couples soient mariés, c'est qu'ils soient en public. Dans l'intimité, peut-être que chacun de ces maris montre beaucoup de respect envers sa femme.

Ce que la société américaine ne permet toujours pas aux femmes, c'est de parler en public – à voix haute et clairement – sans risquer de passer pour des casse-couilles. Regardons ce mot encore une fois : *casse-couilles*. Essayez de trouver une expression qui évoque avec plus de justesse la douleur du mâle. C'est presque impossible. Maintenant, y a-t-il une expression qu'on entend plus souvent (« Elle nous les casse ! ») à propos d'une femme qui ose dire ce qu'elle pense ? La plupart des femmes, si elles sont forcées de choisir entre faire mal aux hommes et se taire, vont préférer retourner se coucher et s'endormir pour l'éternité.

De toute évidence, l'homme et la femme sont en train de réapprendre leurs rôles l'un envers l'autre, à l'intérieur et hors du mariage. Il y a quelques années, je dirigeais un séminaire de week-end quand la question du mariage a été soulevée. J'ai voulu savoir s'il y avait des personnes mariées dans le groupe puis je leur ai demandé d'exprimer leurs idées à ce sujet. Le groupe d'environ trente personnes a continué la discussion jusqu'à tard dans la nuit, et j'ai entendu des choses surprenantes. J'ai compris durant ce week-end – et les couples mariés et non mariés que j'ai conseillés lors de sessions subséquentes m'en ont fait prendre conscience de plus en plus clairement – que le mariage devient ce que les gens en font. Et il serait regrettable pour tout le monde qu'on s'en tienne à des définitions étroites et figées de ce que le mariage devrait être.

J'ai entendu des couples mariés qualifier leurs relations conjugales de très, très heureuses, dans les mariages ouverts aussi bien que monogamiques. J'ai entendu des couples mariés qualifier leurs relations conjugales d'ennuyeuses et malheureuses, dans les mariages ouverts aussi bien que monogamiques. Le sexe est un sacrement, pas une prison. Bien que la monogamie puisse être un lien d'une grande beauté, même un lien sacré, il n'est pas dit que cet arrangement convienne parfaitement à tout le monde. L'idée selon laquelle la monogamie serait a priori un arrangement plus noble qu'aucun autre a contribué à la naissance d'une nation d'hypocrites – car voilà ce que nous sommes devenus.

Ne vous racontez pas d'histoires. Du point de vue historique, l'apparition de la monogamie ne répondait pas au besoin de s'assurer que deux personnes puissent relaxer dans la plus profonde intimité. Ç'a été le moyen dont les hommes se sont servi pour affirmer leur droit de propriété sur le corps des femmes. Dans plusieurs cultures à travers les âges, et dans quelques-unes encore aujourd'hui, il est convenable que les hommes, mais pas les femmes, aient plusieurs partenaires. La valeur intrinsèque de la monogamie et la persistance de ce système de deux poids deux mesures sont des sujets dont il faut discuter, entre hommes et femmes, en privé et en public, afin d'exorciser les démons sexuels à qui nous laissons encore aujourd'hui le soin de contrôler nos vies. Il est très difficile de savoir clairement ce que vous voulez quand votre cerveau reçoit constamment des informations sur ce que vous « devriez » vouloir.

Si vous aimez un homme – c'est fantastique ! – et désirez avoir avec lui une relation monogamique – c'est fantastique ! –, alors mariez-le si le cœur vous en dit, et sachez que l'union que vous avez choisie peut servir Dieu et la Déesse, et les hommes et les femmes. Mais ne laissez jamais, au grand jamais – mariée ou non – votre partenaire étouffer votre voix ou vous empêcher d'encourager une autre femme à faire entendre la sienne, car vous perpétueriez ainsi le plus cruel musellement du plus beau son qui soit. Le monde n'a pas idée du chant que nous n'entendons pas encore : les femmes qui chantent, en harmonie entre elles et avec les hommes, à pleine voix, à pleins poumons. Nous avons besoin de cette musique.

Parlez clairement. Ce silence est malsain.

Si seulement les hommes savaient tout ce que nous avons à dire. Mais trop souvent, nous ne pouvons pas parler.

À la moindre résistance, nous nous taisons. À la moindre approbation, nous nous changeons en déesses.

Un jour ou l'autre il faut tourner le dos à tout ce qui nous empêche de progresser, et rien ne freine plus notre progression qu'un homme qui discrédite ce que nous sommes et ce dont nous sommes capables. Par son éducation, un jeune homme en vient souvent à penser qu'il rencontrera un jour la femme idéale qui le soutiendra dans sa vision et dans sa grandeur. Plusieurs jeunes filles, par leur éducation, en viennent à penser qu'elles trouveront un jour un homme dont la vision et la grandeur mériteront leur soutien.

Le mot hétaïre vient de l'ancien grec et signifie courtisane. L'hétaïre était la maîtresse d'un homme, son égale et sa muse. Elle soutenait sa vision et faisait de la place pour son génie. Il n'y a pas de mot pour décrire un homme qui tiendrait un tel rôle, bien que *mari* ferait l'affaire.

Qui fera de la place pour la grandeur d'une femme ? Dans plusieurs relations hétérosexuelles, l'homme se sent menacé par la grandeur de la femme et c'est pourquoi il essaie par divers moyens de la faire douter de sa beauté et de sa force. Un homme sûr de lui, au lieu de se sentir menacé par la force intellectuelle ou émotive d'une femme, remercie le ciel pour l'occasion qui lui est donnée de vivre une relation pleine de joie. La vraie question serait donc de savoir s'il peut y avoir deux vedettes dans un couple.

Il faut renoncer au paradigme qui associe l'homme à la puissance et la femme au soutien et embrasser plutôt l'image de l'homme et de la femme aussi puissants l'un que l'autre et se soutenant l'un l'autre. Un homme qui freine la progression d'une femme n'est pas un homme qu'une femme peut se permettre de fréquenter. La tâche d'une femme sur terre est imposante et sacrée. Elle sera incapable de l'accomplir si elle reste avec un homme qui tourne sa gloire en ridicule.

Les femmes ne sont pas sans pouvoir. Nous faisons seulement semblant de l'être. Nous le faisons en grande partie parce que nous avons peur de la punition qui nous est infligée quand nous osons être ce que nous sommes vraiment. C'est une forme subtile de discrimination, mais il n'y a pas de doute qu'elle existe. Quelques rares femmes sont admises dans le club, semble-t-il ; des femmes qui ont permis qu'on leur enlève quelques griffes, leur sexualité ainsi diminuée étant moins menaçante pour le statu quo, de sorte que les hommes et les femmes peuvent maintenant porter une part égale du blâme. Mais, dans la nature, un animal a toutes ses griffes, et un animal en liberté est une chose magnifique.

Dans la nature, nous crions. Nous crions quand nous avons mal, nous crions quand nous donnons naissance, nous crions quand nous avons un orgasme ; et c'est tout simplement comme ça que les choses se passent. Maintenant, quel genre d'homme peut supporter notre passion, et quel genre d'homme peut monter sur le trône aux côtés d'une femme qui possède sa propre couronne ? Une princesse attire un prince, et une reine attire un roi. Les femmes qui se plaignent attirent des hommes qui se plaignent. Les femmes pleines du cœur de la lionne attirent des hommes qui sont pleins du lion.

Voilà où en sont les femmes aujourd'hui, à un stade où, peut-être pour la première fois, un grand nombre de personnes se souviennent en même temps de notre fonction cosmique. Nos histoires d'amour n'ont pas pour but de servir la machine industrielle ou le système gouvernemental. Notre sexe ne sert pas qu'à la procréation. Notre amour a pour but de spiritualiser la terre. Les femmes et les hommes évoluent à une vitesse vertigineuse. Nous avons de nouveaux cerveaux. Nous utilisons de nouveaux yeux.

Et lorsqu'une femme se souvient de sa gloire, un homme de bonne volonté peut difficilement contenir sa joie. Son vrai moi se lève en la présence du sien. Je vous le dis, ça marche, cette façon de regarder vers l'intérieur pour attirer ce qui est à l'extérieur. Faites de la place pour l'amour, et il vient toujours. Faites un nid pour l'amour, et il s'y niche toujours. Bâtissez une maison pour l'être aimé, et tous les chemins le mèneront chez vous.

5

LE SEXE ET L'ÂME

N'ayez pas honte, femmes...
Voue êtes les portes du corps,
et vous êtes les portes de l'âme.

WALT WHITMAN

Lorsque la femme enchantée entre en possession de son pouvoir, alors et alors seulement a-t-elle assez de force intérieure pour se tourner vers quelqu'un d'autre. Alors seulement a-t-elle assez d'autorité pour rencontrer le regard d'un autre et le soutenir.

Un amant, c'est risqué. Avec lui, ou avec elle[*], une femme gagne sur tous les tableaux, ou bien elle perd sur tous les tableaux. Nous sommes incapables de composer avec le pouvoir d'une autre personne tant que le nôtre n'est pas redevenu pur et entier. Sachant cela, nous commençons

---

[*]Je comprends et je respecte le fait que plusieurs femmes aiment d'autres femmes. Si vous préférez l'intimité des autres femmes, pardonnez-moi de ne pas écrire « homme ou femme » chaque fois que je parlerai du partenaire amoureux.

à comprendre le rapport entre la quête de soi et la quête de l'être aimé. La Déesse en nous ne fait pas de distinction entre les deux. L'amant n'est pas celui derrière qui nous nous cachons, c'est celui qui apparaît devant nous lorsque nous émergeons du brouillard de nos propres illusions. Une déesse ne va pas « chercher » un amant; elle *est* une véritable amante, et le bonheur vient vers elle. L'amour n'est pas quelque chose que quelqu'un d'autre instille en nous; c'est une extension de notre propre esprit, et c'est son reflet qui nous apparaît dans ce qui semble être le sourire d'un autre.

La femme qui ne sait pas ces choses présente tour à tour les deux visages féminins d'une même blessure émotive: la femme qu'on appelle paillasson, et celle qu'on appelle garce. Ayant perdu sa petite fille intérieure, elle a à toutes fins pratiques perdu le souvenir de sa propre innocence. Elle ne se souvient pas pourquoi elle est coupable, mais on a réussi à la convaincre qu'elle n'était pas normale. Ayant l'intime conviction qu'elle est loin d'être parfaite, elle projette cette imperfection sur les autres – particulièrement sur ceux qui ont l'audace de s'en approcher – et par conséquent estime qu'ils méritent autant qu'elle d'être punis. C'est le moment où la garce entre en scène. Elle fera à quelqu'un d'autre tout le mal qu'elle est portée à se faire à elle-même. Elle punira les autres parce qu'elle est sûre que sa propre punition est justifiée.

D'un autre côté, parce qu'elle se sait tellement mauvaise, elle se dit qu'elle n'a peut-être pas le droit de faire quoi que ce soit, ou de trop parler ou même de respirer. Et puis, étant donné qu'elle n'est, elle, rien d'autre qu'un foyer de culpabilité, elle se dit que le foyer de tout ce qui est bon doit se situer à l'extérieur d'elle; et de temps à autre il lui semblera qu'il se trouve dans une personne qu'elle vient de rencontrer. Cette autre personne se voit donc octroyée pleins pouvoirs, et la femme reste là, couchée, docile et silencieuse, martyre aux mains du démon qui règne en son domaine. Le paillasson, la mauviette par excellence. Elle n'aura pas la force de parler ou de s'affirmer. L'autre personne aura pris toute la place. L'autre personne a acquis le droit de tenir le fouet et de fouetter à volonté.

Pouah! C'est écœurant. Pourtant, ce n'est pas rare. Tous ces démons nous sont familiers, mais nous ne lisons pas ce livre maintenant pour apprendre à les connaître davantage. Nous sommes ici maintenant pour rencontrer la Déesse, pour savoir ce qu'Elle pense et apprendre Sa technique car nous voulons rencontrer l'amour à la lumière du jour et remplir ses promesses tard dans la nuit.

Nous ne reviendrons plus sur nos amours malheureuses, sauf si c'est absolument nécessaire. Nous décrirons plutôt la façon de faire de la Déesse, la façon de rencontrer l'être aimé et de toucher son âme et de l'aimer avec tous Ses pouvoirs miraculeux.

D'ordinaire nous savons qu'un amant s'en vient longtemps avant qu'il n'arrive. Nous avons beau dire souvent, et entendre dire: «J'ai rencontré mon partenaire au moment où je m'y attendais le moins»; au fond, nous savons que ce n'est pas vrai. Une femme qui est en contact avec elle-même a le pressentiment des choses à venir, et l'amour à venir est comme un chevreuil qui court à travers bois jusqu'à votre porte. Nous le sentons quand un amour s'approche; et quand nous sommes en contact avec la Déesse, nous nous préparons à l'avance.

Comment nous préparons-nous? Quand nous sommes sur le point de rencontrer l'amour, c'est comme si nous

étions enceintes: nous allons donner naissance à une nouvelle force créatrice. La plus grande préparation consiste à
renforcer notre calme, à concentrer notre esprit sur ce que
nous sommes et ce que sont nos valeurs. Les valeurs
essentielles – celles qui nourrissent les secondaires
comme un fleuve nourrit les rivières tributaires – sont
l'amour, le pardon et le désir de servir Dieu. Nous le servons dans la mesure où nos intentions sont pures. La pureté
d'intention implique que nous n'essayons pas de manipu-
ler ou de séduire ou d'imposer nos vues ou d'arriver à nos
fins par des moyens détournés.

La Déesse est dans Sa plus grande gloire lorsque nous
sommes amoureuses. C'est aussi le moment où nous sommes le plus tentées de Lui cracher au visage et de railler Sa
vertu. Notre tâche la plus élevée est de nous rappeler
comme il est important – pour le monde, pour nos esprits,
pour la relation elle-même – que nous apprenions à être
une amie et un compagnon spirituel pour l'être aimé, et à
procurer à ceux que nous aimons un sentiment de bien-être
et de sécurité. Autrement, nous avons beau nous faire belles, sentir bon, et devenir expertes dans l'art de faire vibrer
les corps; mais sans la vertu, nous sommes des putains, et
nous ne connaîtrons pas l'amour.

Une fois que nous l'avons rencontré, nous faisons
mieux d'attacher nos ceintures spirituelles, parce que la
force d'attraction – son odeur, la chimie – est telle que nous
serons tentées d'oublier la vérité si elle n'est pas solidement
ancrée en nous. Mais si elle l'est, alors aucune drogue ne
fait planer plus haut que l'amour passionné. Je n'ai pas de
relations sexuelles intimes avec les femmes, mais je pré-
sume qu'elles mènent à la même union. En tout cas je sais
que quand une femme aime un homme et s'ouvre à lui et
laisse l'esprit la soulever, c'est un voyage qui l'amène
jusqu'au centre des choses. Nos corps ne font pas que

donner l'impression de fondre, ils *fondent* vraiment; et nos esprits ne font pas que donner l'impression de fusionner, ils *fusionnent* vraiment.

Nous entrons dans une chambre divine où la Déesse rencontre son prince consort et lui fait signe d'entrer. Son joyeux « Bonjour ! » est souvent un « Rebonjour ! », car en cet endroit nous pouvons nous souvenir que nous nous sommes déjà connus. Comme nous sommes heureux d'être de retour, chaque fois que nous tombons amoureux l'un de l'autre. Comme nous étions seuls, par moments, et comme nous sommes ravis de pouvoir passer quelque temps à la maison.

Comme c'est important de savoir qu'il est aussi tendre que nous et tout aussi perdu et craintif! Avant d'apprendre cela, c'est l'essentiel qui nous échappait. Nous pensions que c'était un monstre, et nous voyons maintenant que c'est un petit garçon. Comme nous, apeuré, fuyant le désastre quel qu'il soit de Papa; donc lui aussi, affecté par Maman pour l'éternité. Et tous nous trébuchons et pleurons, et tous nous tombons et cherchons l'un dans l'autre un soulagement à notre douleur. Nous sommes faits pour soulager cette douleur et plus encore. Nous sommes faits pour guérir la blessure; et si nous le permettons, notre amour nous guérira tous les deux.

Rappelez-vous les yeux de quelqu'un qui vous a aimée, et n'oubliez pas l'empreinte qu'ils ont laissée dans votre âme. Portez-la toujours, c'est le badge d'une femme qui a ouvert son cœur et s'est permise de souffrir, pour elle-même et pour lui. L'amour l'a rendue folle et l'amour l'a couverte de ridicule et l'amour l'a rendue névrotique et l'amour lui a fait perdre son temps. Mais ses blessures d'amour l'ont aidée à grandir et elle a tenu bon jusqu'au lever du soleil, et finalement elle a vu le ciel. Maintenant elle est une femme quand elle n'était qu'une petite fille;

maintenant elle est une déesse quand elle n'était qu'une enfant gâtée.

C'est le cheminement de toutes les femmes qui ont aimé un homme. Nourrissons-nous de l'assurance qu'une remarquable récompense nous attend quand nous approchons de la vérité. Nous sommes tellement chanceuses d'être des femmes, et ces hommes sont si chanceux de nous connaître. Nous sommes si pleines de miracles pour ceux qui viennent vers nous avec un cœur pur et ouvert. Nous sommes si pleines d'amour pour ceux qui s'approchent avec une âme tendre. Nous sommes si pleines de beauté pour ceux qui croient que la beauté est là.

Et les hommes peuvent être tellement beaux, petits garçons qui ont fait l'ascension depuis la faiblesse arrogante jusqu'à l'humilité triomphante. Celui qui s'est initié aux secrets de l'amour est comme une lettre que Dieu nous envoie pour dire qu'Il est là. Les initiés, hommes et femmes, ont vu le plus noir de la nuit avant de voir un autre jour. Rien ne peut remplacer les feux qui nous purifient; quels qu'ils fussent, ils ont rempli leur rôle. Et maintenant nous allons savoir comment aimer et être aimées, et plus jamais nous ne perdrons notre chemin.

Une femme amoureuse est ivre de quelque chose. C'est une substance chimique qui imprègne ses cellules, c'est une place en elle où ses hormones rencontrent Dieu. C'est l'enfer ou le paradis ou les deux à la fois. Si nous pouvions harnacher ce pouvoir, nous pourrions guérir le monde.

Et c'est la clé de l'affaire. Une femme amoureuse peut accomplir n'importe quoi. Elle peut gérer une entreprise, avoir des enfants, créer une œuvre d'art, faire l'amour, cuisiner les repas, être chef d'État, et trouver moyen d'être séduisante. Mais si elle n'est pas amoureuse, elle n'a pas cette énergie ; et si elle est amoureuse mais rejetée, il se peut qu'elle n'ait pas même le désir de vivre. Les femmes ont besoin d'être amoureuses : d'elles-mêmes, d'un homme, d'un enfant, d'un projet, d'un travail, de leur pays, de la planète, et – surtout – de la vie elle-même. Les femmes amoureuses sont plus près de l'illumination. Pour les femmes amoureuses et pour les anges, tout brille.

Notre amour n'est pas de la dépendance affective. La dépendance affective est ce qui nous attend quand nous ne savons pas comment appliquer notre amour, où le mettre, quoi en faire. La plupart des hommes n'ont pas idée de tout ce qu'une femme peut faire pour l'amour, ou de la profondeur de son désespoir lorsqu'elle sent qu'elle perd l'amour. Cela ne veut pas dire que les hommes ne volent pas haut ou qu'ils ne se font pas mal en tombant. Bien sûr qu'ils se font mal. Mais leur amour n'alimente pas le monde comme le nôtre. Leur amour est la voiture, le nôtre est le combustible.

Dieu est le seul être aimé sur qui l'on puisse toujours compter. Le partenaire suprême est un partenaire divin, et l'expérience que nous vivons alors est celle du réconfort et du pardon parfaits que nous puisons en nous-même. Tant que nous ne savons pas cela, nous continuons de demander aux hommes une nourriture qu'ils ne peuvent pas nous donner. De nos jours, la plupart des hommes et des femmes souffrent d'une blessure. Il serait déraisonnable de chercher quelqu'un qui ne souffre pas tant que nous-mêmes ne sommes pas guéries de nos propres déséquilibres. D'ici là, nous irons naturellement vers ceux qui souffrent autant que nous de façon à ce que nous puissions nous soigner et guérir ensemble. Ce que cela signifie, c'est qu'aucun partenaire ne peut nous sauver, nous délivrer, ou donner un sens à notre vie. Notre salut, notre délivrance, et le sens de la vie sont en nous. C'est l'amour que nous donnons et celui que nous recevons. La passion que nous avons le plus besoin de nourrir est celle qui anime notre relation avec Dieu. Car au bout du compte, c'est la même relation que nous avons avec nous-même.

Ce n'est pas aussi facile qu'un flirt, pas aussi agréable que le sexe, pas aussi excitant que la tension amoureuse. La croissance personnelle, la guérison, la pratique religieuse, le renouveau spirituel – peu importent les mots qu'il vous plaira de choisir –, voilà les clés de notre retour à la santé mentale et à la paix. Quand nous aurons réclamé la totalité de notre être, nous serons prêtes à rencontrer l'âme sœur de ce monde. En attendant, nous continuons d'espérer de nos partenaires amoureux la paix intérieure qui nous manque et nous oublions que notre rôle dans une relation est justement d'*amener* la paix, en la recevant de Dieu et en Lui permettant de la répandre sur l'humanité par l'entremise des femmes.

Combien de fois me suis-je trahie en oubliant, plutôt en *résistant* aux vingt minutes de méditation, à l'heure de lecture, au meeting de spiritualité ou au groupe de soutien qui m'auraient préparée à vivre avec plus d'équanimité les hauts et les bas de mes relations intimes ? Notre problème vient en partie du fait que nous nous attendons à ce que nos histoires d'amour nous fassent toujours du bien. Ce n'est pas vrai. À vrai dire, la relation en soi ne nous fait aucun bien. C'est *nous* qui nous faisons du bien. Si nous n'étions pas bien ancrées en nous-mêmes, nous ne pouvons pas blâmer la relation de nous avoir désarçonnées. Aucun homme ne peut convaincre une femme qu'elle est magnifique, mais si elle en est déjà convaincue, son approbation se répercute en elle et la remplit de joie.

C'est le rôle que les amants ont à jouer l'un envers l'autre : faire une place dans nos vies pour qu'y résonne la beauté de l'autre, de sorte que même en son absence nous sentions encore à quel point nous sommes belles.

De nos jours, la plupart des femmes sont plus ou moins hystériques. Nous sommes bruyamment hystériques, ou nous sommes gentiment hystériques. Notre désespoir trouve à s'exprimer dans nos actes, ou il prend la forme d'une maladie qui nous transperce le corps. Nous avons désespérément besoin de sérénité et de paix.

Pour la plupart, nous étions encore toutes jeunes lorsqu'on nous a enseigné que la valeur d'un être se mesurait à ce qu'il fait, par opposition à ce qu'il est, et nous avons automatiquement passé à un mode de pensée masculin – faire, faire, faire – pour nous sentir valorisées. Il semble qu'on n'accorde aucune valeur à l'expérience de la paix intérieure, or sans cette paix nous ne sommes nulle part à même de nous reposer. Ce qui laisse les hommes aussi bien que les femmes dans un sorte d'errance spirituelle.

J'ai une amie, Gwen, qui a à peu près mon âge et qui a contracté une forme de cancer très rare et très pernicieuse. Un jour, dans le groupe de soutien dont elle fait partie, nous avons abordé le sujet de la mort et Gwen a dit que cette idée l'obsédait depuis qu'elle était toute jeune. Son enfance avait été hideuse, et la seule chose qui lui fît entrevoir une possible évasion était la mort physique.

Avant qu'on ne se connaisse, son psycho-immunologiste lui avait dit que son corps n'avait fait que rattraper son esprit – et j'étais d'accord. Mais je connais cette fille, et il est dans l'intérêt de toutes les femmes que l'on fasse la lumière sur les raisons pour lesquelles elle s'est sentie à ce point étrangère à ce monde qu'elle a voulu mourir. Gwen est l'essence même d'un certain type de féminité, vaporeuse et féerique. C'est le genre de femmes que nous rencontrons quand nous nous réfugions dans le monde des contes de fée avec ses châteaux magiques et son enchanteur Merlin. Il ne faut pas croire que de telles femmes n'existent plus dans le monde d'aujourd'hui. Mais ce sont celles qui ont le plus de difficulté à y vivre, qui souvent deviennent dépressives en bas âge, contractent le cancer en bas âge, et meurent en bas âge.

Ces filles ne tiennent pas le coup. Elles se fanent et meurent. Les poissons ne tiennent pas le coup sans eau, les cosmonautes ne tiennent pas le coup dans l'espace sans leurs combinaisons spatiales, et les femmes enchantées ne tiennent pas le coup sans amour et sans la notion du miraculeux. Point final. Nous vivons dans un environnement où tout est hostile aux âmes sensibles. Si les meilleures personnes meurent si souvent dans la fleur de l'âge, c'est peut-être tout simplement parce qu'elles n'ont pas envie de rester ici-bas plus longtemps qu'il ne faut.

J'ai donc dit à Gwen: « Tu ne voulais pas vraiment mourir quand tu étais petite. Ce que tu voulais, c'était *vivre*. Mais tu ne savais pas que le monde dans lequel tu vivais était un enfer. »

Nous savons si peu de choses dans cette société sur la quête d'illumination, et le pire c'est que dans notre arrogance querelleuse il nous arrive souvent de regarder de haut ceux qui en savent plus que nous à ce sujet. Nous avons effacé de notre banque de données tout ce qui a trait à l'expérience mystique. Mais des millions et des millions d'âmes en sont quand même affamées, et elles s'engagent l'une après l'autre dans ce fervent pèlerinage. Les femmes sont aux premiers rangs de cette marche pour la faim spirituelle. Pourquoi ? Parce que c'est notre seul espoir.

Revenons à Gwen et à son cancer. À chaque rencontre, elle étendait son corps affreusement émacié sur des oreillers disposés au plancher parce que les chaises étaient trop dures pour qu'elle pût s'y asseoir, et il y avait à ses côtés, chaque fois, un beau jeune homme. C'était Daniel, son ami, un homme en bonne santé, de toute évidence, et qui avait à cœur de la voir guérir. Quelle belle image : un homme profondément touché par la douleur d'une femme, qui la soutient dans toutes ses épreuves, qui traverse la tempête avec elle comme si sa propre vie était en jeu. Lorsque les êtres humains se serrent les coudes, font acte de foi, et sont témoins de leurs douleurs respectives, des miracles se produisent. Si on nous aime suffisamment, nous sommes affectivement guéries et spirituellement comblées.

Il y a un peu de Gwen dans nous toutes, qui souffrons et nous débattons avec les difficultés de la vie tout en nous accrochant au peu d'amour que nous avons trouvé, car nous savons bien que c'est la seule chose qui puisse nous sauver. Comme chacune et chacun d'entre nous, Gwen et Daniel se débattent avec les questions fondamentales de l'existence humaine : Pourquoi sommes-nous ici ? Comment pouvons-nous guérir ? Sommes-nous, oui ou non, les gardiennes de nos frères ? Peut-être ne suis-je pas sa gardienne, mais je suis certainement sa mère, sa sœur, sa fille. Pour son bien et pour le mien, nous devons commencer à dire non aux maladies qui menacent de nous tuer. Celles qui rampent dans nos corps, celles qui germent dans nos esprits.

J'ai déjà dit à un amant que je lui écrirais un recueil de poèmes que j'intitulerais *Sévèrement baisée*. Maintenant j'en écrirais un autre qui aurait pour titre *Sincèrement touchée*. Cela n'intéresserait probablement personne d'autre que moi, puisque la route cahoteuse qui mène à la paix est plus sensationnelle que la paix elle-même, et que la soif d'amour est plus spectaculaire quand elle fait mal.

Tant que nous ne serons pas arrivées à ce point de notre évolution où nous en aurons marre des choses qui nous font mal et n'aspirerons plus qu'à vivre un amour paisible, toutes les routes que nous prendrons seront douloureuses. Nous sommes condamnées à boire jusqu'à la lie tous nos frivoles calices, jusqu'au jour où nous déciderons que c'est terminé pour de bon. Combien de douleur nous faudra-il encore endurer avant d'être sûres que nous n'en voulons plus ? Autant, semble-t-il, qu'il en faudra jusqu'à ce qu'on n'en veuille plus. Nous nous fatiguerons, ou nous renaîtrons, quand nous aurons tellement souffert que nous aurons commencé à mourir.

Les cicatrices sur notre cœur ne durent pas éternellement. Ce sont les signes éphémères par quoi on reconnaît une âme tendre qui s'est brûlée en descendant lentement sur terre. Quand la terre aura connu sa rédemption et quand nos relations auront été remises à Dieu, les cicatrices en nous auront miraculeusement guéri. Mais tant que nous ne connaîtrons pas la source de la véritable guérison, nous continuerons de descendre, et nous continuerons de souffrir. On peut tout endurer jusqu'à un certain âge, mais même les jeunes vieillissent à force de se faire briser le cœur.

Quelle divine pensée pourrait nous inspirer la force de continuer maintenant que nous sommes écœurées au point de ne plus vouloir recommencer ? L'idée de Dieu n'est pas si lointaine. La vérité apparaît quand l'esprit est prêt à la recevoir. Dès l'instant où les prières s'envolent, le cœur commence à s'élever et à guérir. Il y a plusieurs livres et plusieurs maîtres. Tellement d'amis nouveaux se montrent dans nos vies quand nous cessons de faire l'amour à nos ennemis.

Dès l'instant où nous décidons de le faire, nous pouvons nous voir les uns les autres non pas tels que nous étions mais tels que nous serions. Nous pouvons choisir de voir la bonté en chaque être humain, d'être des amis loyaux, de pardonner et d'aider. La vue de notre innocence est l'expérience de la lumière. Nous connaissons la noirceur ; comment condamner, comment juger. La douleur que nous ressentions en jugeant était un symptôme de notre maladie, le signe que nous avions tourné le dos à l'amour.

Faire l'amour, ce n'est pas quelque chose qui n'engage à rien ou à rien d'autre qu'une nuit au lit. Faire l'amour, c'est répondre aux anges qui planent et tracent des cercles dans le ciel en nous enjoignant de faire comme eux, de voler ensemble jusqu'au ciel. Et quand nous faisons l'amour de cette manière, nous changeons toutes nos façons de faire. Nous devenons des femmes nouvelles ; nous devenons des hommes nouveaux. Et alors nous pouvons retourner au lit et rire et hurler comme nous le faisions, mais avec beaucoup plus de joie et un tel soulagement.

Notre but en amour est d'aimer comme des reines, de nous comporter non pas en petites filles mais en femmes, le cœur rempli de foi, de charité et de pureté. L'amour est une affaire sérieuse. Il faut avoir un cœur puissant pour l'invoquer clairement et se préparer à sa venue.

Avant tout, il faut reconnaître le caractère pernicieux de l'imagerie amoureuse contemporaine. Partout, on nous propose l'idée que les hommes se jouent des femmes, que les femmes se jouent des hommes – et que les choses sont comme elles sont : que c'est ça, l'amour. Mais ce n'est pas l'amour ; ça, c'est le manque d'amour. Combien de fois cherchons-nous l'amour mais en laissant l'amour de côté. Nous ne pensons pas à être aimables et attentionnées, nous pensons à la façon d'harponner un homme. Nous ne pensons pas à ses peurs et à ses problèmes, nous pensons aux nôtres en espérant qu'il pourra nous en guérir. Nous ne pensons pas à lui, point final – sauf pour ce qui est de son argent, de son corps, de son travail ou des gens qu'il connaît.

Il se peut que vous-même ne fassiez pas de telles erreurs. Mais si vous n'en faites qu'une seule ne serait-ce qu'en pensée, alors sachez que l'univers enregistre toutes vos pensées et qu'il existe quelque part dans le ciel une sorte de tribunal où elles sont retransmises. Tenez pour acquis que tout est inscrit, compilé et mis à jour dans une sorte de grand livre comptable. Et nous souffrons en proportion de notre tendance à nous foutre du monde. Les pensées intéressées ne sont pas pures, et notre fonction sur terre est d'atteindre à une sorte de pureté. En attendant, la douleur persistera.

Désolée, les filles, je n'ai jamais dit que ce serait facile.

Mon Dieu, nous errons dans le désert depuis si longtemps, coupées les unes des autres et chacune coupée d'elle-même. Puissions-nous ne jamais retomber dans nos vieilles habitudes de cruauté et de trahison. Puissions-nous dès aujourd'hui recommencer à aimer et devenir de nouvelles femmes et rire pour l'éternité. Que le diable, peu importe le nom qu'on donne à ses pouvoirs, retourne en enfer et qu'il n'en sorte plus, qu'il ne vienne plus hanter nos rues et empoisonner l'eau de nos puits. Nous avons trouvé la clé qui ouvre la grille, et nous entrons au jardin de la maison du Père. Nous sommes consolées, et nous sommes enfin libérées. Nous sourions à nos frères, embrassons nos sœurs. Ils ont passé au travers. Il ne reste plus personne à l'extérieur du jardin – seulement le diable, et il ne peut plus nous faire de mal.

❖

Certains hommes savent comment aimer une femme, et certains ne savent pas. Certains hommes savent qu'en la caressant doucement avec leur langue, en partant des orteils et tout le long de son corps jusqu'à son oreille, en s'attardant le plus tendrement possible en divers endroits et en répétant cette caresse assez souvent et assez sincèrement, ils peuvent faire beaucoup pour la paix dans le monde. Ajoutez à cela des conversations intelligentes sur la politique, l'histoire, la philosophie, les arts et – surtout – sur vos émotions à tous les deux, et vous avez tout ce qu'il faut pour rendre une femme heureuse. Elles ont l'air relativement simples, ces instructions pour satisfaire une femme, et c'est tout simple en effet. Ne l'humiliez pas. Ne la méprisez pas. Dites-lui qu'elle est belle et magnifique et précieuse. Embrassez-la souvent et caressez ses épaules.

Il nous faut peu de chose et nous volons. Donnez-nous les choses que je viens de nommer, donnez-les régulièrement et ne laissez pas l'alcool, la drogue ou d'autres obsessions semblables s'emparer de vous, et vous aurez peine à croire comme nous pouvons être tendres. Nos cœurs fondent quand on nous aime, et quand on nous aime comme je viens de vous le dire, nous sommes les meilleures, les plus merveilleuses, les plus adorables créatures.

Quand l'amour tourne mal, de terribles réactions chimiques se produisent dans nos cellules. Elles provoquent des maladies et de l'hystérie et une profonde, profonde tristesse. Nous avons l'impression qu'une encre épaisse se répand dans nos veines émotives quand on se moque de nous ou quand on nous brise le cœur ou quand on raille notre sexualité. Notre féminité est une affaire de la plus haute importance. Quand on la traite comme s'il s'agissait d'une affaire mineure, nous brûlons.

Au lit, nous voulons nous abandonner. Nous voulons sentir qu'il est plus grand, plus fort, qu'il est au-dessus de nous, qu'il contrôle tout et qu'il pourrait faire le dur s'il en ressentait le besoin. Hors du lit, nous voulons le contraire. De quel droit serait-il plus grand, plus fort? Comment ose-t-il prétendre tout contrôler, se placer au-dessus de nous ou même penser une seconde à faire le dur?

Il y a malentendu, c'est évident. Au lit, s'abandonner n'est pas un geste de perdant; en fait, ce ne l'est pas hors du lit non plus. Mais on ne peut pas comprendre si on ne s'entend d'abord sur la signification du verbe s'abandonner. S'abandonner n'est pas lâcher la partie ou rendre les armes. S'abandonner n'est pas perdre. S'abandonner n'est pas capituler. S'abandonner signifie simplement se relaxer et laisser l'autre manifester sa propre force.

Un amant avait l'habitude de me dire: «Abandonne-toi, Dorothy», chaque fois que j'étais trop gonflée d'enthousiasme ou d'orgueil. Lorsqu'on s'abandonne, on ne s'abandonne pas à un homme. On s'abandonne à une partie de soi-même qui est plus tendre, moins dominatrice, plus portée à faire la paix qu'à argumenter. Ce n'est pas un jeu que nous jouons; c'est une danse que nous dansons.

Et en vérité, nous avons toutes désespérément besoin de danser. Pour plusieurs, c'est comme un secret honteux qu'il est difficile d'admettre au début. Nous ne voulons pas dévier de la ligne du parti. Dieu nous garde d'avouer: « Je veux m'abandonner. » On pourrait nous taxer de rétrogrades, de vendues, nous accuser de vouloir retourner à nos chaudrons au lieu d'aller de l'avant vers la Maison-Blanche.

Mais ce n'est pas rétrograde de vouloir s'abandonner à son moi féminin. C'est l'axe de développement le plus progressif parce qu'il s'agit de respecter, au lieu de réprimer, nos émotions. Nous nous dirigeons sans aucun doute vers la Maison-Blanche, Dieu nous aide! et nous irons au congrès, et au sénat, et à l'hôtel de ville, et à la chambre de commerce et dans tous les autres lieux de pouvoir en ce monde. Mais il ne faut pas qu'en arrivant là, nous ne soyons plus des femmes mais des hommes déguisés en femmes. Être une femme signifie tellement plus que d'avoir un vagin.

Le pouvoir féminin est intuitif, nourricier, c'est une force de cohésion. La féminité est un espace intérieur où nous sommes réceptives plutôt que d'être actives. Dans ce pays et sur cette planète, les humains ont tout ce qu'il faut pour soigner le monde et vivre heureux. Nous avons l'information, la technologie, l'habileté, l'argent, l'intelligence et la capacité scientifique. Ce qui nous manque, c'est le lien qui unirait ces choses entre elles et leur donnerait un sens. Nous avons la connaissance mais il nous manque la compréhension. Il nous manque la vision. Il nous manque la volonté inébranlable d'utiliser nos ressources à des fins d'amour et de guérison. Et sans cela, nous allons nulle part. Nous sommes comme un Bœing 747 sans essence.

L'amour est le carburant. L'amour accorde sa grâce au progrès et donne sa bénédiction à notre volonté de puissance. Nous manquons à notre plus grande responsabilité envers Dieu et envers nous-mêmes chaque fois que nous manquons de déclarer l'amour et d'agir sur la foi de l'amour et de témoigner en faveur de l'amour. En tant que femmes, nous devons porter ce message. Nous devons comprendre son importance et la faire comprendre aux autres, nous devons le chuchoter dans le noir et le crier à la lumière du jour. Oui, il est temps que les femmes fassent partie de la politique mondiale. Mais pas de telle sorte que notre contribution renforce le pouvoir qui produit sans raison ou qui progresse sans avoir en tête l'amour de l'humanité. Qu'on se passe le mot et que la rumeur grossisse en nos rangs : L'amour dans notre cœur est le seul pouvoir qui compte.

Que la technologie se mette au service de notre amour les uns des autres et non de notre commune destruction. Que l'intelligence nous conduise vers la paix et non vers la guerre. Que notre argent serve à guérir et non à blesser davantage. Nous devons comprendre ces mots. Ils doivent devenir partie intégrante de nous-mêmes. C'est le chant que chante la Déesse en faisant le tour de la terre. Chantez avec Elle, ou perdez la voix.

Le but de l'amour est de trouver un partenaire avec qui nous puissions grandir, franchir les barrières qui tiennent l'amour à distance, et nous rendre ensemble jusqu'au centre de l'univers qui est en chacun de nous. Il faut de la patience pour être à même de franchir ces barrières, ces murs qui entourent nos cœurs, il faut accepter de rester sur terre assez longtemps pour savoir de quoi elles ont l'air. Nous devons chercher à rencontrer Dieu, pas à rencontrer des hommes. Les femmes doivent cesser d'essayer d'être à la hauteur, sauf à celle de Dieu. Les gens nous jugent ; pas Dieu. Lorsque nous écoutons Dieu, il devient très clair que nous sommes déjà à la hauteur. Nous apprenons de Dieu que nous sommes absolument glorieuses – à Son image, pour Lui.

Au bout du compte, nous apprenons à ne plus essayer si fort de nous améliorer. Nous cessons d'essayer de trouver un homme lorsque nous nous rappelons que nous sommes ici uniquement pour le bénir. Il y a une différence entre trouver un partenaire et attirer un partenaire. *Trouver* implique que nos pièges fonctionnent; *attirer* implique que notre lumière brille comme un phare pour celui qui est destiné à la voir briller. Lorsque nous essayons de trouver un partenaire, nous augmentons nos chances de tirer le mauvais numéro. Oui, nous en attrapons un de temps en temps, mais le piège que nous lui tendons nous emprisonne aussi. Notre obsession tourne à la névrose, ou bien il se rend compte que c'est un piège et s'en déprend tout seul. Lorsque nous attirons l'amour en renforçant le lien qui nous unit à l'esprit intérieur, nous assumons la pleine responsabilité de l'énergie qui nous entoure, et nous nous harmonisons avec cette énergie de telle façon que ceux qui s'avancent – et nous sentons qu'ils sont faits pour être avec nous –, s'avancent avec la même pureté d'intention.

L'abandon de cette recherche obsessionnelle du partenaire procure un grand soulagement et fait une place beaucoup plus grande pour l'amour véritable. Ne sous-estimez pas la grâce d'une profonde amitié. Si la passion doit s'ensuivre, n'ayez crainte, elle viendra. Mais le sexe n'est pas tout; et tant que nous ne savons pas cela, nous sommes les esclaves d'une chose stupide. Et quand nous comprenons cela, alors tout devient meilleur, le sexe y compris.

Notre vie entière est un cycle de désirs: le désir satisfait, le désir ressenti, le désir satisfait puis ressenti de nouveau. Le sexe rythme ce cycle. Lorsque nous aimons un homme, notre amour vient du plus profond de notre âme, de la source, du centre de toutes choses, de Dieu. Si seulement les hommes savaient que notre amour est une bénédiction. Et si seulement nous savions quelle bénédiction c'est, d'être aimée par un homme. Dire « je t'aime » et le penser sincèrement, cela revient à dire « Dieu te bénisse ».

Lorsqu'il n'est pas avec nous, il est en nous de toute façon, lorsque nous sentons son énergie pénétrer la nôtre, nous voudrions pouvoir le prendre comme nous le prenons en faisant l'amour. L'examen au microscope électronique a révélé que lorsque le sperme s'est finalement frayé un chemin jusqu'à l'œuf, l'œuf se soulève légèrement pour accueillir son partenaire. Nous avons hâte de faire cela, et l'une de nos tâches les plus difficiles est de faire en sorte que la femme intérieure conserve son équilibre durant cette longue attente.

Et dans quel but sommes-nous intimes avec un partenaire ? Le rôle d'une telle intimité est d'assouplir le cœur, de pétrir les muscles qui se sont endurcis et de maintenir la flexibilité des portes qui se sont déjà ouvertes. L'amour est un cycle profond et puissant. Il peut pardonner les errements et effacer les erreurs. Il peut stimuler la grandeur et engendrer une vie nouvelle. Il n'y a rien qu'il ne puisse faire. L'amour est Dieu.

Ce n'est pas un hasard si des milliers de personnes disent : « Oh mon Dieu ! » lorsqu'elles atteignent l'orgasme. C'est parce qu'Il est là et qu'elles L'ont vu. Il *est* ces moments où il n'y a pas de frictions, que la pure communion. *C'est* Dieu. Ce n'est pas *comme* Dieu, ça ne *ressemble* pas à Dieu, ce n'est pas *synonyme* de Dieu. L'amour est Dieu. Aimer une autre personne – et je ne dis pas que nous aimons chaque fois que nous avons un orgasme ; cependant c'est le cas assez souvent pour justifier qu'on en parle –, c'est faire l'expérience du divin.

Maintenant, y a-t-il autre chose dont nous devrions parler ? N'y a-t-il pas un gigantesque hippopotame qui s'est assis sur la table de nuit de l'humanité au début des temps et qui a survécu à toutes les générations ? Et pourtant, personne ne fait mention de sa présence. N'y a-t-il pas une créature pour qui la bonne marche des relations personnelles est une chose si importante qu'elle se dépense – parfois follement, parfois avec plus de modération – en harcèlements, en cajoleries, en pleurnichements, en quémandages et en manigances ? Les femmes ne sont-elles pas ces créatures qui refusent obstinément de parler d'autre chose ?

Les femmes parlent continuellement des relations humaines parce qu'elles sont soumises à ce déterminisme. En arrivant dans ce monde, notre âme a le souvenir que c'est notre fonction ici-bas. Ce n'est pas notre faiblesse, notre névrose, notre drogue. C'est notre force. Et lorsqu'on annule notre pouvoir en annulant notre voix, ce n'est pas seulement nous qui souffrons mais le monde entier.

Il y a un fossile dans tous nos cerveaux, un état de conscience obsolète, un oppresseur, un tyran, c'est le déséquilibre masculin, le méchant. Ce n'est pas le temps de le renverser parce que la femme en nous ne renverse rien. Elle n'a pas à le faire. Mais c'est le temps de ne plus l'entendre, cette voix méprisante pour la position de l'humaniste. C'est apeurant mais non dangereux – comme un rat mort. Ce n'est pas une sorte de génie. C'est contraire à la vie et par conséquent stupide.

❖

Un copain m'a déjà dit : « J'ai eu une érection aujourd'hui en pensant à toi. Vous les femmes n'avez pas idée de l'effet que vous nous faites. »

C'est vrai. Nous n'avons pas idée. Et c'est parce que nous nous mentons constamment. Les hommes font semblant qu'ils s'en fichent, et nous faisons semblant de nous en contre-ficher. Nous mentons, menteurs et menteuses. Nous ne sommes pas complètement nus. Nous faisons l'amour mais pas toujours sincèrement. Nous sommes devenus des garces et des salauds et nous sommes incapables de poésie.

On trouve dans le sexe une puissante identité spirituelle. Lorsque nous sommes dedans, lorsque nous sommes en plein dedans, lorsque nous faisons l'amour et devenons folles de désir, alors nous touchons à qui nous sommes et nous pouvons nous réjouir dans cette connaissance. Maintenant arrêtez l'image. Pourquoi ne pourrions-nous pas vivre là? Pourquoi ne devrions-nous pas vivre là? Lorsque nous ne réclamons pas et ne cultivons pas l'expérience de l'amour, alors l'expérience devient inaccessible.

Le sexe n'est pas la plus grande extase, mais la plus grande extase tourne autour du sexe. La plus grande extase est une danse à deux, une danse si profonde et faite dans un tel abandon que les grandes personnes se mettent à jubiler comme des enfants. Le sexe n'est pas toujours noble, mais l'amour est noble, et les gens qui s'aiment font l'amour. La noblesse de leur âme rend une bonne chose encore meilleure.

L'art n'est pas la plus grande extase, mais la plus grande extase s'exprime par l'art. La plus grande extase est un élan créateur de connaissance intérieure, un flot qui brise les contraintes personnelles et qui s'offre en cadeau à l'univers entier. L'art est noble. Il élève la vie. Le sexe et l'art ensemble, c'est bon.

Quoi d'autre pourrait encore avoir un sens si l'on réduisait tout à ce qui compte vraiment? Le respect et la dévotion et la prière pour la paix – cela compte aussi. Tout le reste est périphérique, quoiqu'intéressant et plaisant par moments.

De quoi le monde aurait-il l'air si les principes directeurs de nos vies étaient ceux-ci: Nous ne ferons rien, n'appuierons rien, ne comploterons rien qui pourrait éventuellement faire du mal à quelqu'un. Et nous touchons ici à l'essentiel, à savoir que nous devons nous tenir debout et protéger les enfants quoi qu'il arrive, où que ce soit. Et nous sommes tous des enfants. Tout engagement moindre que celui-là, tout autre but que la plus parfaite innocence constitue un rejet de la Déesse. Et qu'arriverait-il si nous nous entendions – hommes et femmes réunis en un seul consortium – pour en faire notre credo? Retourner à ce qui est pur dans nos cœurs?

Le sexe serait meilleur. Notre art serait meilleur. Et je vais vous dire de quoi le monde aurait l'air. Il n'y aurait plus de problèmes politiques, sociaux, économiques ou écologiques, parce que les causes de ces problèmes auraient disparu. Si ne pas faire de mal devient l'ordre du jour, les problèmes seront remplacés par la joie de créer la joie. Nous ne ferons plus que prier, créer et faire l'amour – avec d'innombrables variations, jusqu'à l'infini.

Priez pour lui souvent: Mon Dieu, apportez-lui le bonheur et la paix. Nous le voulons présent pour pouvoir toucher son esprit de plus près. Nous regardons ses yeux pour pouvoir nous réjouir du fait qu'il existe vraiment. Nous voulons qu'il soit heureux pour que des miracles puissent se produire autour de lui.

Voyez-le comme vous voulez qu'il soit: dans une paix si profonde, plein de toutes les émotions qui le feraient fondre. Si nous parvenons à nous imaginer un être humain pleinement heureux, alors nous pouvons commencer à nous imaginer le paradis. Et c'est pourquoi nous apprenons à aimer: pour être si pleine d'affection envers une autre personne que notre cœur explose et que nous apprenions à les aimer toutes. C'est le sens de l'amour et la raison de l'amour : qu'une autre personne en vienne à représenter notre amour de Dieu et de l'humanité. C'est un lieu où l'amour est saint, où le sexe est saint et où la terre elle-même est conçue de nouveau.

6

UN CORDON DORÉ

Oh ! la réunion entre la mère et l'enfant,
il suffirait d'un geste

PAUL SIMON

Que se passe-t-il lorsqu'une famille se réunit et se met à table pour le repas du soir ? Que signifient les repas de famille pendant les fêtes ? Quand la mère borde l'enfant dans un lit douillet et lui raconte une histoire, que se passe-t-il pour que l'enfant en garde un souvenir ému toute sa vie ? À toutes ces questions, la réponse est : Plus que vous ne croyez.

Le développement humain est un déploiement invisible d'énergies et d'émotions qui ne peuvent être cartographiées, répertoriées ou réduites en formules. C'est une terre sacrée, c'est le territoire de la Déesse. C'est une terre piétinée qui a besoin d'être replantée. La trame déchirée de nos vies a besoin d'être rapiécée. Nous devons recréer l'expérience du foyer. C'est une fonction féminine commune aux femmes et aux hommes. Ce n'est pas forcément une femme qui doit s'occuper de la maison ; un homme peut faire ce travail tout aussi bien. Mais tous ensemble nous devons reconnaître l'importance de ce travail. Ce qu'une personne fait « dans le monde » n'est pas plus important que ce qu'elle fait dans sa maison. À la maison, nous devenons les personnes que nous sommes à l'extérieur.

Il y a trop de gens dans notre société, riches et pauvres pareillement, dont l'environnement familial n'est pas sécurisant, dont personne ne s'inquiète de savoir où ils sont ou comment ils vont, qui n'ont personne, ni amis ni parents, à retrouver quand ils rentrent le soir. Nous éclatons de l'intérieur, et c'est pourquoi nous éclatons à l'extérieur.

L'une de mes activités favorites est de faire des pique-niques dans mon lit. Pas nécessairement des pique-niques avec de la nourriture, mais des pique-niques pleins d'émotions avec des rires et des discussions entre amies. J'ai un très grand lit, ce qui d'après moi est un préalable à la vie de famille. Et quand je dis famille, je ne parle pas seulement de ma fille et moi. Je parle d'une expérience d'amour et d'entraide qui se vit en groupe.

Il y a quatre personnes sur mon lit au moment où j'écris ces lignes. Il y a moi, juchée sur des oreillers avec mon ordinateur portatif; il y a Norma, soixante-cinq ans, qui travaille avec moi depuis que j'ai commencé à donner des conférences il y a des années; il y a ma fille, âgée de deux ans; et Lisa, vingt-deux ans, une étudiante en dessin de mode qui m'aide à prendre soin d'elle ce week-end. Norma et Lisa sont en train de lire dans un livre format géant l'histoire des *Trois petits cochons*.

Nous venons de passer une demi-heure à nous demander si nous ne devrions pas prendre des mesures plus énergiques pour habituer ma fille à se passer du biberon. Ma mère pense qu'elle est trop vieille pour être encore au biberon, mais il faut en prendre et en laisser venant d'une femme dont au moins un enfant adulte, à ma connaissance, est encore fixé au stade oral. Une de mes amies, qui est enseignante et s'y connaît en la matière, m'a dit de me calmer: «As-tu peur qu'elle arrive à son mariage avec une bouteille dans les mains?» L'autre jour, ma sœur Jane a eu l'idée d'un genre de cérémonie-du-biberon; ma fille reconnaîtrait solennellement qu'elle est une grande fille à présent, et on jetterait comme dans un rituel tous ses biberons à la poubelle. Je pense qu'elle est trop jeune pour ça. Je décide de la laisser tranquille, elle abandonnera le biberon quand elle sera prête. Je lui demande si elle aimerait prendre un bain avec maman. «Peut-être», répond-elle. Je ne l'ai jamais entendue utiliser ce mot avant aujourd'hui, ni exprimer une telle ambivalence à l'idée de prendre un bain avec sa mère.

Je n'arrête pas de penser que cette scène ressemble à une peinture de Mary Cassatt. Ce que me plaît le plus, c'est la communion entre les femmes et plus particulièrement entre femmes de différentes générations. Je suis assise ici et je pense que j'ai une belle, une très belle vie, quand je prends la ridicule décision de feuilleter le *Los Angeles Times*.

Alors voyons voir ce qui s'est passé hier: Un enfant Noir de quatre ans était endormi dans son lit quand on s'est mis à tirer des balles de revolver dans l'appartement d'à côté. Les murs dans ces immeubles à logements sont minces comme des feuilles de papier. Il nous est impossible de savoir, bien sûr, si le petit Germain a vécu des moments de frayeur avant que les balles ne l'atteignent, s'il s'est assis dans son lit, s'il a crié. Ce sont des choses que nous ne saurons jamais, que même sa mère ne saura jamais. Tout ce que nous savons, c'est que des balles ont traversé le mur, et que quelques minutes plus tard ce bébé était mort.

Comment sa mère fait-elle pour vivre avec ça? Comment est-ce que je fais, moi, pour vivre avec ça? Comment faisons-nous tous pour vivre avec ça? Je suis en deuil, je ne sais plus quoi penser, je ressens du désespoir, de la frustration, et une immense colère. Je blâme les revendeurs de drogue, les patrons de la mafia, les politiciens hypocrites, les fabricants d'armes, les lobbyistes de la National Rifle Association, et les gens d'Hollywood qui nous gavent de violence depuis trente ans comme si c'était du sirop mélangé à de la strychnine. Il y a une chose que j'aimerais qu'on m'explique : Pourquoi cette jolie petite fille Blanche qui est tombée au fond d'un puits, au Texas, il y a plusieurs années, était-elle tellement plus importante à nos yeux que Germain Johnson de East L. A.? Pourquoi n'accordons-nous pas un plus grand prix à sa vie? Pourquoi le Koweit nous importe-t-il plus que nos propres enfants?

Et maintenant qu'allons-nous faire pour remédier à cette situation? Nous efforcer simplement, chacun de son côté, à l'intérieur de sa propre famille, d'inculquer à nos enfants l'esprit du « peace and love »? Je ne crois pas qu'on puisse se permettre de procéder aussi lentement. Dante n'a-t-il pas écrit que la région la plus chaude de l'Enfer était réservée à ceux qui, en temps de crise, préféraient rester neutres? Mais quelle position pourrions-nous adopter qui soit à la fois la plus effective et la plus parfaite spirituellement? Je ne sais pas, mais je fais une prière. Je demande l'aide de Dieu.

Dissipez les ténèbres qui enveloppent la terre. Montrez-nous comment faire des miracles. Délivrez ces enfants. Délivrez-nous. Faites pour nous, mon Dieu, ce que nous ne pouvons pas faire pour nous-mêmes. Guérissez nos esprits de leurs pensées violentes, pour que la terre soit guérie de sa violence. Aidez-nous à guérir. Aidez-nous à nous élever. Nous ouvrons nos cœurs pour recevoir Vos directives. Nous sommes prêts à changer. Amen.

Je soulève ma fille et la prends dans mes bras. Merci, mon Dieu, de l'avoir fait naître au milieu de tant d'abondance et d'amour. Faites que tous les enfants soient bénis et protégés, non seulement le mien mais tous les enfants. Il y a tellement de bébés dans ce monde qui sont malades, et personne ne prend soin d'eux; qui sont sales, et personne ne change leur couche; qui ont faim, et personne ne les nourrit. Honte à nous tous qui faisons si peu pour eux. Que Dieu nous vienne en aide, le jour où toute cette merde nous retombera sur la tête.

Les enfants nous rappellent ce qui est important. Ils nous aident à voir la vie d'un point de vue trop souvent négligé, de l'endroit où nous sommes par rapport aux générations qui nous précèdent et à celles qui nous suivent. Une femme que j'ai rencontrée un jour, elle-même mère de quatre enfants, m'a dit que le fait d'avoir des enfants «nous donne tout ce pour quoi nous prions, comme le respect, la patience et l'indulgence». J'ai été impressionnée par la nature de ses prières.

Nous n'avons pas besoin de donner naissance à des enfants pour savoir que nous sommes les mères du monde. Nous sommes les entrailles des générations à venir, non seulement physiquement mais affectivement, psychologiquement et spirituellement. Notre corps est l'endroit où la vie physique de nos enfants prend forme et se nourrit, et notre personnalité est l'endroit où leur vie affective prend forme et se nourrit. Pour le meilleur et pour le pire, à l'intérieur de notre être, ils se forment et deviennent qui ils sont. Nous toutes sommes les mères de tous les enfants. N'importe quelle femme peu importe où elle vit, si elle travaille dans une agence de publicité, dans la politique ou dans le show business, si elle enseigne, vend, sert aux tables, répond au téléphone ou ne fait que se lever le matin, est partie prenante de notre maternité. Nous ne pouvons pas protéger nos enfants contre la vibration collective de toutes les femmes, et nous ne devrions pas essayer de le faire. Le monde est censé être un environnement sécurisant et stimulant pour les enfants. Le fait qu'il ne le soit pas

est un appel sacré à l'action pour toutes les femmes conscientes. De cette façon, nous allons guérir nos enfants et les
enfants qui vivent encore psychiquement à l'intérieur de
nous.

❖

L'avortement est une tragédie. Cela ne veut pas dire
que l'avortement ne devrait pas être légalisé – je pense
qu'il doit l'être – mais cela ne veut pas dire pour autant que
ce n'est pas une tragédie. Nous n'avons jamais pu accepter le fait que pour la première fois dans l'histoire, des
millions de femmes ont décidé de rejeter leurs enfants. Et
c'est ce que nous avons fait, les filles. Impossible de prétendre le contraire. Il y a des moments où nous pensons
que peut-être nous n'aurions pas dû, d'autres où nous
regrettons amèrement de l'avoir fait, et il y a des fois où
nous pensons qu'il n'y avait, qu'il n'y a toujours pas d'autres
façons de procéder. Quoi qu'il en soit, la culpabilité ne sert
à rien. Elle ne fait pas partie de la vision de Dieu. Personne
n'est coupable, mais nous sommes plusieurs à être tristes.

Ne laissez pas les questions politiques ou les fausses
questions religieuses vous influencer. Restez près de votre
cœur, là où vos émotions sont justes et authentiques et
crues. L'avortement est une vacherie. Pleurez et lamentez-
vous sur tout ce que vous avez perdu, criez et hurlez en
pensant à ce que vous faites maintenant, mais ne dites
jamais que c'est une chose banale. Ce ne l'est pas. C'est
une mère qui dit au revoir à son enfant et c'est une femme
qui refuse un miracle. Parlez à Dieu. Ne parlez qu'à Dieu.
Pleurez vos enfants disparus. Priez pour un monde plus
facile.

❖

J'ai fondé et dirigé des organisations charitables, et j'ai collecté pour elles des centaines de milliers de dollars. J'ai donné des conférences partout dans le monde devant des milliers de personnes, et j'ai écrit un livre qui fut un immense best-seller. *Élever un enfant est plus difficile.*

Cela requiert plus d'énergie, plus de concentration, plus de sensibilité et, si c'est bien fait, au moins autant d'intelligence. Si nous élevions des enfants heureux, nous n'aurions pas besoin d'autant d'organismes de charité, de conférences et de livres sur la manière de vivre des vies plus heureuses et plus équilibrées. L'idée selon laquelle la vie d'une femme qui travaille à l'extérieur serait d'une certaine façon plus riche ou mieux employée est complètement folle. Une mère qui ne travaille pas est une chose qui n'existe pas. Parce qu'ils attendent si longtemps avant d'avoir des enfants, les *baby boomers* sont parfois aveugles à l'incroyable – quoique joyeux – fardeau que représente l'éducation des enfants. Cela est en train de changer car de plus en plus de personnes se rendent compte qu'il n'y a pas un travail dans ce monde qui, pour être bien fait, demande plus d'effort et d'intelligence que l'éducation de nos filles et garçons.

Les femmes continueront d'être opprimées, socialement et politiquement, tant que nous n'admettrons pas que les rôles traditionnellement associés aux femmes sont parmi les plus importants dans notre société. Il faut que quelqu'un s'occupe du foyer et élève les enfants. Le Yi king dit que lorsque la cellule familiale est saine, la société est saine ; et quand la famille éclate, la société éclate. Comment osons-nous faire sentir à une femme que sa vie aura moins d'importance si elle la consacre à sa famille, à ses enfants et à son foyer ? Et comment osons-nous faire sentir à un homme que sa vie en aura davantage parce qu'il ne le fait pas ?

Nous sommes tous et toutes sur terre pour nous aider les uns les autres, et le choix de faire cela n'est pas moins valable lorsque les gens que nous servons font partie de notre propre famille. Durant la dernière élection présidentielle, on s'est attaqué à Hillary Clinton parce qu'elle avait l'audace d'être une femme forte avec une tête sur les épaules. Je comprends très bien sa situation. Mais il y a un autre côté à l'affaire Hillary. C'est très bien qu'elle veuille tenir un rôle politique actif, mais l'une de ses tâches les plus importantes en tant que femme du président sera d'aider Bill Clinton sur le plan affectif, de lui procurer ainsi qu'à leur fille le genre de soutien féminin, intime et personnel dont toute personne a besoin pour vivre plus intensément dans le monde. Toutes les femmes dont le mari pourrait devenir président se font maintenant demander ce qu'elles feraient si elles décrochaient le boulot. Jacqueline Kennedy a dit que le plus grand service qu'elle pouvait rendre à la nation était de prendre soin de John Kennedy. Il fut un temps où j'aurais trouvé cette réponse asservissante. Aujourd'hui je la trouve sublime, saine, et féministe.

Elle est féministe parce qu'elle respecte le rôle du féminin – nourrir, prendre soin, compatir, aimer –, qu'il soit tenu par un homme ou par une femme. Comment pourrions-nous quantifier, donner une mesure observable, de l'énergie – émotive, intuitive, spirituelle, intellectuelle et physique – nécessaire pour bien aimer ? Et personne n'a plus besoin de notre amour que les membres de notre propre famille. Le fait est que depuis vingt-cinq ans nous l'avions oublié, et cela a laissé une trace de sang qui n'est pas la moindre blessure, pas la moindre tragédie dont souffre notre culture.

❖

Lorsque j'ai mentionné à une amie que l'éducation des enfants était un travail difficile, elle m'a répondu: «Exactement. C'est pourquoi tant de femmes choisissent de ne pas avoir d'enfants. Elles se disent qu'elles ne peuvent pas faire ça en plus d'avoir une carrière à l'extérieur de la maison.» Ce à quoi j'ai répondu: «Les hommes n'ont pas à faire ce choix. Personne ne dit jamais à propos d'un homme: Je me demande s'il va choisir la carrière ou les enfants.»

Les femmes non plus ne devraient pas avoir à faire ce choix. Plus la société change pour le mieux, plus elle se dote de structures nouvelles et saines pour inviter les enfants à partager nos vies. De nos jours, les grandes entreprises ont souvent un gymnase à la disposition de leurs employés; il y a quelques années, cela aurait semblé farfelu. Aussi, espérons que bientôt les entreprises auront des garderies et même des programmes éducatifs pour les enfants de leurs employés. Pas seulement pour les mères mais aussi pour les pères. Nous n'avons pas seulement besoin de voir nos enfants entourés de leurs mères et de femmes bonnes et généreuses; ils ont aussi besoin d'être entourés de leurs pères et d'autres hommes bons et généreux.

Les ordinateurs ont révolutionné notre vie professionnelle, et de plus en plus de personnes travaillent maintenant à la maison. J'écris des livres pendant que mon enfant joue sur le lit à mes côtés. Si je peux faire cela, c'est parce que j'ai une excellente gardienne. Les services de garderie devraient être reconnus pour leur extraordinaire importance. Si nous dépensions notre argent intelligemment en le donnant aux personnes qui s'occupent de nos enfants, nous aurions des millions de moins à dépenser pour réparer les dégâts causés à la société par des adultes blessés. Les enfants blessés deviennent des adultes blessés, et des adultes blessés peuvent détruire la planète.

Le secret d'être mère, c'est de visualiser nos enfants tels que nous aimerions qu'ils soient à l'âge adulte : forts, heureux, sérieux, pleins d'amour. Maintenant, imaginez le genre de mères que ces adultes ont dû avoir pour devenir des personnes aussi fantastiques. Et quelle que soit la réponse, devenir ce genre de femmes est la tâche qui nous attend.

La plupart des gens ne sont pas de très bons parents parce qu'ils ne veulent pas y mettre le temps qu'il faut. Il faut du temps pour répondre à un enfant en donnant à toutes ses questions des réponses honnêtes et réfléchies. Il faut de l'intuition et du talent pour suivre le fil de ses pensées et de ses émotions. Il faut plus que ce que la plupart des gens sont prêts à donner pour protéger un enfant contre les stimuli insignifiants du monde environnant. Pourtant, aucun autre geste n'aurait à lui seul une meilleure chance de sauver le monde que si nous changions la façon dont nous élevons nos enfants. Il faut qu'ils deviennent des adultes cent fois moins névrosés que nous, sinon le monde est en sérieux danger. Ce n'est pas le temps d'imiter nos parents. C'est le temps de renverser la vapeur.

Nous pouvons le faire. Je sais que nous en sommes capables. Parce que nous avons eu le temps – et plusieurs ont pris le temps – de penser à ce qui ne nous a pas été donné et enseigné lorsque nous étions enfants. Et maintenant, avec nos propres enfants, nous avons l'occasion de réécrire l'histoire, de les éduquer comme nous aurions aimé être éduqués. Et c'est ainsi qu'aura lieu notre rééducation. Nous libérons le passé en même temps que l'avenir.

Les enfants ne sont pas des enfants. Ce sont des personnes comme nous, seulement plus jeunes. Nous avons la même âme à soixante qu'à quarante ans, la même âme à vingt-cinq ans que nous avions à l'âge de cinq ans. S'il y a une différence, c'est que les enfants sont plus sages. Ils savent plus de choses que nous, et ils ont au moins autant de choses à nous apprendre que nous en avons à leur apprendre. Comment osons-nous essayer de les faire tenir dans nos petites boîtes et de les faire jouer selon nos règles, qui sont tellement, tellement stupides? Comment osons-nous leur dire quoi que ce soit quand nous vivons dans un monde de toute évidence si peu éclairé? De quelle ingratitude et de quelle impertinence nous sommes capables, nous qui les écoutons si peu, nous qui regardons d'un œil distrait ces anges qui vivent dans nos maisons.

Je n'ai jamais vu de plus authentiques illuminations que celles qui se font dans les yeux des enfants heureux. Ils rient beaucoup, pourtant ils sont très sérieux. Ils comprennent tout sans trop le laisser voir. Ils sont vieux et jeunes, innocents et pleins d'amour. Comment pouvons-nous prétendre en savoir plus qu'ils n'en savent? Et pourquoi faisons-nous passer les choses de ce monde avant leur bien-être? Nous avons tendance à traiter les enfants comme nous traitons Dieu. Pas toujours bien.

Le fait d'avoir un enfant m'a enseigné, et continue chaque jour de m'enseigner, l'importance de l'écoute. Lorsque nous écoutons attentivement une autre personne, nous y gagnons la force de l'union. Essayer de communiquer ses propres idées ou ses désirs avant d'avoir trouvé un terrain d'entente émotive avec l'enfant ou l'autre personne ne fait qu'amener des résistances, soit manifestes soit latentes.

La chose la plus importante que j'aie apprise à propos des enfants, c'est la nécessité de faire preuve de respect et de patience à leur égard. On entend souvent parler du respect que les enfants doivent à leurs aînés, pourtant les occasions ne manquent pas où ils leur montrent tout sauf du respect. Mais comment auraient-ils pu apprendre le respect si eux-mêmes n'ont pas été respectés? Plusieurs personnes traitent les enfants comme s'ils n'étaient pas aussi intelligents que les grandes personnes. Mais il y a une grande différence entre être moins intelligent et ne pas connaître la langue.

Bien qu'on ait fait d'immenses progrès dans l'étude du développement et de la psychologie de l'enfant, les femmes ne devraient pas oublier que nous sommes toutes dotées d'un radar intuitif qui nous permet de savoir exactement comment écouter nos enfants, ce qu'il faut leur dire et comment les aimer. Les cours et les livres conçus à l'intention des parents peuvent être utiles, mais ce ne sont jamais que des instruments dont le but devrait être de nous aiguiller vers notre sagesse naturelle et non pas de nous en éloigner. C'est l'intuition et l'émotion plus que l'intellect qui font de nous de bons parents. Il y a un cordon doré qui relie la mère à son enfant. C'est la connaissance de Dieu qui est placée en nous. Personne ne sait mieux que nous ce que nos enfants veulent ou ce dont ils ont besoin. Nous apprenons à savoir ce qu'ils veulent, ce dont ils ont besoin, en les écoutant et en les regardant. Ils le savent, et ils vont nous le dire.

Il y a quelques années, j'avais mis sur pied un groupe de partage dont faisaient partie des mères avec leurs jeunes enfants; nous nous rencontrions une fois par semaine et la conversation portait sur les principes spirituels enseignés dans mes conférences sur le *Cours sur les miracles*. Avant notre première rencontre, j'ai médité et j'ai demandé ce que je devrais dire aux mères réunies. Ce que j'ai ressenti dans ma méditation peut se résumer ainsi: je ne devais en aucune façon essayer de montrer à ces femmes comment faire leur travail de mères; je devais plutôt leur rappeler que la mère est le premier et le plus important maître spirituel. Les femmes savent quoi faire. Le problème est qu'il y a eu dissociation entre nous et notre connaissance essentielle. Mon seul rôle serait donc de rappeler à ces femmes que la sagesse vient aux mères aussi naturellement que le lait maternel. C'est une variété du lait maternel.

Les mères sont des maîtres spirituels. Nous enseignons l'amour à nos enfants en faisant preuve de respect et de patience et de tendresse à leur égard. Ils apprennent à aimer de la même manière qu'ils ont été aimés par nous et qu'ils nous ont vues aimer les autres. Il ne suffit pas de savoir que nous aimons nos enfants. Il faut que nous nous demandions très sérieusement ce que cela signifie pour nous.

Aimer, c'est aussi aider les gens à développer leur propre force. Dorothy Canfield Fisher a dit: « Une mère n'est pas quelqu'un sur qui l'on peut se reposer, c'est quelqu'un grâce à qui on n'a plus besoin de se reposer sur personne. » Nos enfants ne sont pas des extensions de nous-mêmes. Nous ne les avons pas créés; Dieu l'a fait. Nous sommes ici pour superviser leur développement et non pour dicter leur réalité. Ils s'appartiennent en propre. Nous ne devons pas chercher à leur imposer nos rythmes mais les aider à trouver et à maintenir leur rythme propre. Nous pouvons être l'espace dans lequel l'enfant se voit si respecté dans sa manière d'être qu'il peut ensuite trouver le respect et la tranquillité dans son propre espace intérieur. Tel est le sacerdoce de la mère.

Je peux voir sur le visage de ma fille quand elle sent qu'on la prive de son droit d'exprimer qui elle est. Il y a des fois où ses désirs empiéteraient sur ceux des autres, bien sûr, et c'est mon travail de lui enseigner que les autres personnes sont aussi importantes qu'elle. Mais les enfants peuvent apprendre cela. Je dis à ma fille: « Tu peux avoir tout ce que tu veux, ma chérie, sauf si c'est dangereux ou malhonnête ou si ça risque de faire de toi une enfant gâtée. » Bien sûr, elle ne sait pas encore ce que tous ces mots signifient mais je peux vous garantir qu'elle a pigé l'essentiel. Je ne comprends pas pourquoi les gens parlent à leurs enfants comme à des idiots en remettant à plus tard le moment où ils commenceront à semer en eux des vérités plus profondes. Qui donc, dans ces conditions, est censé leur parler des choses importantes ? Leurs professeurs à l'école ? Pouvons-nous compter là-dessus ? C'est *notre* travail.

Une amie m'a déjà dit qu'il était important de dire oui à son enfant le plus souvent possible, au lieu de dire non. Au lieu de faire l'inventaire de tout ce qu'ils n'ont pas le droit de faire, nous pouvons énumérer toutes les choses qu'ils peuvent faire. Nous voulons que nos enfants envisagent l'avenir en pensant à toutes les possibilités qui s'offriront à eux, pas à toutes celles qui leur seront refusées. Toutes ces choses forment, en bout de ligne, les habitudes de pensée qu'ils garderont pour le reste de leur vie.

Regardez ce que nous avons fait à nos enfants. À partir de leurs parents en passant par tous les échelons de notre système d'éducation, nous ne cessons de leur répéter qu'ils ne sont pas les centres de décision de leurs propres vies. Nous les préparons à vivre une sorte d'esclavage, nous formons leur esprit de façon qu'ils soient contents de laisser à d'autres le soin de déterminer ce que sera leur vie, en quoi consisteront leurs choix, et comment ils pourront servir un système qui leur est extérieur. Nous vivons dans une société où un très petit nombre de personnes détient le véritable pouvoir. La très vaste majorité des gens servent les intérêts d'une organisation sociale ou industrielle dont le centre est situé à l'extérieur d'eux-mêmes, et qui ne se soucie pas un instant de leur cœur ou de leur âme. Notre système d'éducation encourage cela, qui enseigne à nos enfants à devenir de simples rouages dans la machine qui permet à notre système de fonctionner. Bien que nous jouissions dans ce pays de grandes libertés sur le plan social et politique, la plupart d'entre nous ont une liberté d'esprit assez limitée au point de vue affectif et psychologique. Arrivés à l'âge de cinq ans, tant de voix nous ont déjà dit ce que nous pouvions et ne pouvions pas faire qu'il n'en reste pratiquement rien. À quoi bon avoir la liberté si nous ne savons pas comment y accéder, comment nous donner la permission de l'utiliser?

Le respect de l'autorité est une chose importante. Mais s'il est important que nous respections le patron, il n'est pas moins important que le patron soit nommé patron et personne d'autre. Notre gouvernement, par exemple, n'est pas notre patron. Nous sommes son patron. Grosse distinction, et l'une de celles que les gens dépossédés de leur pouvoir oublient trop facilement.

Certains parents apprennent à leurs enfants: «Le monde est à vous. Allez et prenez ce qui vous appartient. Amusez-vous!» D'autres enfants apprennent que le monde est sans pitié et qu'il est difficile d'y trouver l'abondance. Les enfants absorbent ces messages comme des éponges, et ils font la queue, avec tous les autres qui se sont fait dire par leurs parents ce qu'était la réalité, en attendant de vivre la vie qui leur a été prescrite dès leur plus tendre enfance.

Les problèmes économiques de ce pays ne proviennent pas d'une débâcle financière mais d'une débâcle d'espoir et d'enthousiasme. Comment pouvez-vous être enthousiaste quand vous croyez dur comme fer que ce monde n'est pas pour vous, quand il vous semble que les autres ont tout le pouvoir et toutes les chances? Nous devons enseigner à nos enfants que l'abondance dans le monde est infinie et accessible à tous, parce qu'elle vient de l'intérieur. En apprenant à nos enfants à bénir le monde, à glorifier le monde, à embrasser le monde, nous leur donnons les clés du succès.

En tant que mères et pères, nous devons apprendre à nos enfants non seulement à penser sans l'aide de personne mais aussi à prendre des décisions sans l'aide de personne. Autrement, ils deviendront des adultes incapables ou presque de prendre des décisions intelligentes pour ce qui concerne leur propre vie, sans parler de la vie en société ou de l'avenir de la planète. Et que cela nous plaise ou non, à l'époque cruciale où nous vivons, notre survie collective repose en grande partie sur la capacité de chacun à vivre selon sa conscience et à donner le meilleur de soi-même pour que le monde soit changé.

Rien n'est plus important pour l'avenir de notre monde que le fait d'élever des enfants heureux et bien adaptés, conscients de leur pouvoir et désireux de le partager. Ce sont les gardiens du monde de demain, et ils seront prêts ou non à faire le boulot. Ce n'est pas seulement une question féministe ; c'est la question primordiale pour la guérison et la croissance de notre société. Chaque femme et chaque homme également doit assumer en son cœur la responsabilité de tous les enfants. Puisque nous faisons partie de la génération parentale, chaque enfant est notre enfant. Faire peu de cas de l'état de nos enfants, c'est faire peu de cas de l'état du monde.

Nos relations pâtissent du fait que les femmes autant que les hommes refusent d'admettre qu'à l'intérieur de chaque être humain, il y a un lion qui rugit. Nous ne voulons toujours pas reconnaître que la férocité de la lionne est aussi juste et belle que celle du lion. Nous sommes la seule espèce dans laquelle la femelle est jugée coupable pour avoir fait montre d'agressivité.

La femelle de toutes les espèces est pleine d'amour et de tendresse envers ses petits mais elle devient férocement protectrice chaque fois qu'ils sont menacés. Qu'est-il arrivé à la femelle de notre espèce ? Ne voyons-nous pas le danger qui plane au-dessus de nos têtes ? Sommes-nous sous l'impression que nos enfants et les enfants de nos enfants pourront survivre au désastre écologique, sociologique et spirituel qui menace notre planète ? Nos petits sont en danger. Des enfants meurent. Ce n'est pas le temps de passer toute la journée à se pomponner.

Organisez des vigiles. Restez éveillées au jardin. Tenez la lampe allumée. Honorez la bonté et l'intégrité et la vérité. Et par-dessus tout, apprenons ces choses à nos enfants. Il faut riposter aux horreurs d'un monde qui ne s'en soucie pas : un système qui vomit des ténèbres, des médias qui vomissent la violence, des gouvernements qui vomissent l'apathie, et des industries qui vomissent le poison.

Si la relation entre la mère et l'enfant redevient telle que Dieu l'avait conçue – soit la relation entre une âme nouvellement arrivée et son principal maître spirituel sur la terre –, alors les enfants grandiront en sachant que ni l'argent ni le prestige ni la gloire ni le pouvoir n'ont de réelle valeur en comparaison d'une vie consacrée à une noble cause. Et rien n'est plus noble que de vivre en ressentant de la compassion pour toutes les choses vivantes et en combattant, jusqu'à son dernier souffle, les forces de la peur qui ne ratent pas une occasion d'écraser les hommes et les femmes de bonne volonté.

La peur est la sécheresse du cœur sous toutes ses formes. Parfois elle se déguise en pseudo-religion, et elle prétend savoir qui Dieu voudrait que nous aimions. Parfois elle se cache derrière notre droit à la libre expression, et elle justifie avec suffisance la violence dont le cinéma et la télévision nous bombardent. Mais bien qu'elle essaie, elle ne peut pas se cacher. On peut toujours la reconnaître à son manque de cœur. Elle ne défend pas la vie. Elle ne protège pas nos enfants. Elle n'aime pas.

Les femmes doivent se souvenir de la nature sacrée de leur moi, le moi de la Déesse, l'appel à la grandeur inhérent

à toute incarnation humaine. Nous sommes filles de l'histoire et mères d'un monde nouveau. Ce n'est pas le temps
d'abandonner notre pouvoir. C'est le temps de le réclamer,
au nom de l'amour.

7

LES MURS DU CHÂTEAU

On ne naît pas femme, on le devient.

SIMONE DE BEAUVOIR

L'élection de femmes à des postes de pouvoir politique ne nous garantit pas qu'une voix féminine se fera entendre dans le monde extérieur. Une fois au pouvoir, les femmes peuvent être tentées de conspirer avec le système paternaliste qui leur semble magnanime du moment qu'il leur fait une place à sa table. Elles se sentent forcées d'être des hommes forts parmi d'autres hommes forts. La Déesse emprisonnée ne sera vraiment libre qu'au moment où les femmes qui vont dans le monde exprimeront un véritable équilibre d'intelligence et de compassion, représentant par là non seulement les autres femmes mais les efforts de toute l'humanité pour sauver nos cœurs perdus.

Mais qu'est-ce que la Déesse emprisonnée ? Notre mépris de la passion, notre dépréciation des modes de pensée et d'être féminins, non linéaires, notre répudiation des sentiments et des émotions, nos roulements d'yeux à la suggestion que l'amour puisse en effet être la réponse à nos problèmes. Et qui La tient prisonnière ? Les femmes et les hommes pareillement. Durant les auditions du juge Clarence Thomas par la commission du Sénat, plusieurs femmes ont dit en parlant des hommes en général : « Ils ne veulent pas comprendre. » Et l'une des raisons pour lesquelles ils ne comprennent pas, c'est que nous-mêmes, très souvent, ne comprenons pas davantage.

Chaque fois qu'une femme durant une soirée ne soutient pas une autre femme qui ose s'exprimer avec émotion et puissance, elle trahit la Déesse. Et pourquoi ne la soutient-elle pas ? Écoutez bien ça, les filles. Parce qu'au fin fond de nous-mêmes, nous avons peur d'être moins séduisantes aux yeux des hommes réunis si nous osons parler avec notre cœur. Nous craignons de ne pas être aussi sexy que si nous restons là à jouer les poupées de porcelaine, sans faire de remous, sans menacer personne.

C'est ainsi que nous nous trahissons les unes les autres. Nous brisons l'alliance entre toutes les sœurs. Cela, je crois, parce que nous avons tellement peur de perdre Papa. Nous l'avons perdu une fois, et c'est une douleur trop terrible pour qu'on l'endure une autre fois. Papa n'était pas là ou bien il pensait que nos émotions comptaient pour rien, alors pourquoi les autres hommes agiraient-ils autrement ? Si nous ne comptons pas, nous ne pouvons pas être aimées. Nos pensées ont de l'importance, peut-être, à condition qu'elles imitent les leurs, mais n'importe quoi de trop émotif dépasse les bornes.

Mais il y a des hommes dans le monde qui ont une attitude plus saine que celle de Papa, qui pensent que nos émotions sont belles et qui applaudissent à notre passion. Les hommes à cette soirée ne sont pas tous comme Papa, et ceux qui le sont ne sont pas pour vous. Il y a des hommes nouveaux qui font leur apparition, tout comme il y a des femmes nouvelles. Et ceux-là ne font pas qu'accepter votre voix, ils serrent votre main sous la table et vous encouragent en silence à continuer de parler.

«Mais où sont-ils?» dites-vous. Vous aimeriez, mais il ne vous est jamais arrivé de rencontrer un homme comme ça. Si ces hommes nouveaux ne font par encore partie de votre vie, c'est parce qu'ils n'ont pas encore été magnétisés par vous. Il n'y a rien dans votre énergie présentement qui puisse leur suggérer qu'ils seraient honorés auprès de vous. Les hommes les plus sains sont attirés vers les femmes les plus saines.

Ou vous pensez peut-être: «J'aimerais que mon mari ou mon ami soit comme ça.» Voici un secret magique que nous avons toutes besoin de connaître: Les gens changent. Personne n'est coincé qui choisit de ne pas l'être. Personne n'est sans avoir une infinie capacité de faire volteface, de tourner le dos à tout ce qui est inconscience et frayeur et faiblesse pour aller vers tout ce qui est conscience, amour et force. Ne pensez jamais que vous connaissez quelqu'un de bout en bout, car, à moins que votre connaissance de cette personne n'inclue toutes les possibilités de magnificence qui demeurent latentes en elle, vous savez relativement peu de choses. D'une certaine manière, seul Dieu connaît qui que ce soit.

La fonction d'une femme est de materner le monde en cultivant dans son cœur l'idée de sa perfection immanente. Nous donnons naissance à des enfants, à des hommes, à des entreprises, à d'autres femmes. Ce n'est pas l'utérus mais le cœur qui est notre véritable matrice. Ce qui émerge du cœur est une co-création avec Dieu. Donner naissance à un enfant n'est pas en soi un acte conscient. Élever un enfant heureux, en tant que parent, enseignant, ami ou société, c'est remplir avec succès une fonction divine. Ce n'est pas pour rien qu'on a fait un trillion de peintures représentant Marie avec l'enfant Christ dans ses bras.

Notre question doit être celle-ci : À quoi voulons-nous donner naissance ? Le moi féminin de l'homme et de la femme attend d'être fécondé consciemment. La Déesse a été violée quand on aurait dû L'honorer. Elle a été battue quand on aurait dû L'adorer. Elle a été patiente quand Elle aurait pu être tranchante. Mais quelque chose a changé.

Elle se donnera naissance à Elle-même à travers nous tous, et le seul choix qui se pose à nous est de décider si nous préférons qu'Elle émerge avec furie ou qu'Elle se montre douce et amicale. Elle est là. Plus rien ne peut L'arrêter. Mais c'est à nous de choisir – à toutes les femmes sans exception et, dans une moindre mesure, à tous les hommes – le visage qu'Elle prendra. Cela, à mon avis, est le sens et le but de la libération des femmes : que la femme à l'intérieur de nous et les femmes autour de nous soient libérées du système de pensée grotesque et dégradant qui prévaut toujours sur cette terre, système qui tient le féminin pour faible et sans valeur, qui juge inutile de l'entendre et dérisoire de l'aimer.

❖

J'ai deux amies qui ont récemment perdu leur emploi. Toutes deux étaient très fâchées, bien entendu, mais dans les deux cas j'avais l'impression qu'elles l'avaient cherché – ce que Barbara De Angelis décrit comme la réaction agressive de l'univers quand nous refusons de faire ce que notre cœur nous dicte. Plusieurs fois, je les avais entendues dire : « Il faut que je me sorte de là. » Mais elles ne l'ont pas fait, parce que la vie semblait les avoir placées là où elles étaient, et que d'un point de vue rationnel, égotiste, elles ne voyaient pas comment elles pourraient s'en sortir.

Mes amies offrent un bel exemple de la situation dans laquelle se trouvent bien des femmes d'aujourd'hui : des femmes qui sont ici pour dire la vérité, mettre les barques spirituelles à l'eau, faire sauter le paradigme qui nous dirige et nous opprime depuis plus de mille ans. Elles portent le masque de la femme américaine moderne, mais ce n'est pas tout ce qu'elles sont censées faire sur terre et, dans le fond de leur cœur, elles le savent. Si nous n'arrivons pas à concevoir clairement le sens et le but spirituels de notre vie – et la relation qu'il y a entre eux et notre vie professionnelle de tous les jours –, nous sommes dans une impasse quelle que soit notre situation ou notre réussite financière.

Nous sommes des guérisseuses spirituelles déguisées en femmes du monde. Nous cherchons une niche masculine pour abriter nos pouvoirs féminins, mais je ne sais pas vraiment pourquoi. Nous devons montrer la voie en utilisant les pouvoirs de la connaissance féminine et laisser de nouvelles carrières prendre forme autour de nous. D'abord, nous devons nous engager de tout cœur à guérir le monde ; nous devons prendre conscience que nous sommes nées femmes pour faire cela. Cette prise de conscience relâche une puissante énergie qui dissipe la confusion générée par les énergies secondaires et fait naître les circonstances qui nous soutiendront dans cette noble tâche.

Je connais plusieurs femmes qui règlent déjà leur vie sur ce radar intérieur tout en faisant carrière dans le monde. Elles créent de nouveaux modèles de participation féminine à la danse du monde. Elles savent que le but ultime de leur carrière est le même que poursuivent nos corps et nos relations : faire le travail de la Déesse, faire de notre mieux pour donner naissance à un monde nouveau. Au bout du compte, peu importe que nous décidions de nous lancer en affaires, d'élever un enfant, de produire un film ou de faire de la soupe. L'important, c'est que nous le fassions avec amour.

❖

L'amour que nous ressentons les unes envers les autres, il faut que nous l'affichions. Peu après la publication de mon premier livre, Oprah Winfrey m'a invitée à son émission de télévision. Assise devant les caméras, j'ai entendu Oprah vanter mon livre et dire au public qu'elle-même en avait acheté mille exemplaires. À partir de ce moment, c'est devenu un *best-seller*. Grâce à la générosité et à l'enthousiasme d'Oprah, ma vie professionnelle a fait ce jour-là un bond extraordinaire.

Quoique Oprah ait un pouvoir et une influence énormes, j'ai compris après coup que chaque femme pouvait être l'Oprah d'une autre. Imaginez ce que serait le monde si chaque femme apportait son aide à au moins une autre femme, se tenant en quelque sorte derrière elle sur l'échelle du succès. Oprah semble avoir le désir de partager avec les autres ce qu'elle a reçu, et je pense que cette générosité d'esprit explique en partie son succès. Ce qu'elle m'a démontré ce jour-là, c'est le pouvoir de la solidarité des femmes: une femme qui aide une autre femme, et d'autres femmes qui reçoivent de l'aide par la même occasion.

Nous ne devons pas manquer d'apprendre les leçons de générosité que nous enseignent ces femmes d'influence, de pouvoir et de bonne volonté. Il y a assez de place au sommet de la montagne pour nous toutes. Aucune ne pourra atteindre le sommet et s'y maintenir à moins que nous ne puissions toutes l'atteindre et nous y maintenir ensemble. Si les femmes qui réussissent sont toujours des cas isolés, le monde professionnel ne sera jamais un terrain familier pour les femmes en général. Aujourd'hui plus que jamais, la communion des femmes est une chose que nous devons prendre très au sérieux, et nous devons faire tout ce que nous pouvons pour soutenir les femmes qui visent les plus hauts sommets. Il ne peut pas y avoir trop de femmes glorieuses. Il ne peut pas y avoir trop de reines. Il ne peut pas y avoir trop de succès.

On parle beaucoup de nos jours des femmes qui peuvent ou ne peuvent pas tout avoir. Le problème n'est pas de tout avoir mais de tout recevoir, de nous donner la permission d'avoir des vies riches et passionnées après que cela nous eut été refusé pendant des siècles d'asservissement culturel. Le plus grand obstacle à l'accroissement de notre avoir est la petitesse de nos demandes, la timidité de nos étreintes. Tant qu'on tiendra pour « indigne d'une dame » le fait d'avoir un gros appétit – et le nôtre est gros, car il est reconnu qu'une femme obtient habituellement tout ce qu'elle se permet de désirer vraiment –, nous ne nous assiérons pas au banquet de la vie mais seulement au dîner. C'est ridicule, et c'est le monde entier qui s'arrête quand les femmes modèrent le pas. C'est aussi une insulte faite aux hommes de suggérer qu'ils ne pourraient danser avec la Déesse, comme si une femme dans toute sa puissance allait leur marcher sur les pieds.

Pour certains hommes, en effet, la Déesse constitue peut-être une trop grande menace, mais pas pour tous les hommes. Les hommes changent comme nous changeons, et ensemble nous élargissons le champ des possibilités émotives qui s'ouvre aux femmes. C'est le plus grand obstacle entre nous et le pouvoir : les regards embarrassés lorsque nous nous exprimons, le malaise général qui nous donne l'impression d'avoir dépassé les bornes chaque fois que nous voulons mettre l'argent là où ça compte vraiment. Les hommes doivent se rendre compte – et nous aussi – que quelque chose dont la signification remonte aux temps anciens vient d'émerger à la surface de la terre et se répand en ce moment sur nous tous. Les hommes le sentent; les femmes le sentent. Toutefois les femmes dansent autour comme des démentes parce que nos systèmes nerveux sont liés à son expression. C'est une grossesse que nous ne pouvons pas interrompre; et si nous essayons de le faire, nous devenons encore plus folles que nous l'étions. Alors aussi bien accepter le fait que la nature est en train de mettre le monde à l'envers, et qu'elle nous a choisies pour annoncer la nouvelle.

❖

Il y a quelques années, je me suis inscrite dans un centre de conditionnement physique de Los Angeles. Peu après que j'eus commencé à m'y entraîner, j'ai remarqué un homme qui passait beaucoup de temps au gym; à peu près tout le monde le connaissait et semblait l'apprécier, mais il avait une façon de flirter avec toutes les femmes qui était tout à fait déplacée. La plupart des femmes jouaient le jeu; elles se laissaient embrasser et le laissaient faire toutes sortes d'allusions sexuelles chaque fois que leurs chemins se croisaient, mais il me semblait aussi qu'aucune d'elles n'aimait ça. Personne ne l'envoyait promener mais je ne pouvais pas m'empêcher de penser que plusieurs femmes auraient aimé le faire. Son attitude était irrespectueuse et discriminatoire. Je savais que, tôt ou tard, ce serait mon problème, parce qu'il finirait bien par venir me trouver.

De toute évidence, c'était à bien des égards une personne respectable, et je savais que je n'aurais pas le beau rôle si je me mettais à parler de harcèlement sexuel ou de phallocratie. L'expérience m'avait aussi appris que pour résoudre les problèmes de la vie il y a des méthodes plus nobles et plus efficaces que l'attaque et la contre-attaque. Je me souviens du jour où j'ai prié Dieu en descendant l'escalier vers le gym, pour qu'Il me donne un miracle. Je n'arrivais pas à trouver la manière de régler ce problème, alors je priais pour qu'une sorte d'inspiration me vienne.

Je devais traverser la salle de bout en bout pour me rendre aux machines Nautilus, et il était là! Je suis allée droit sur lui et lui ai serré la main en disant: «Bonjour, je m'appelle Marianne. Enchantée de faire votre connaissance.» Il m'a serré la main, s'est présenté, et la rencontre s'est donc faite sur le terrain émotif que j'avais choisi, dans le respect et la dignité. Par la suite son attitude envers moi a été si respectueuse, je n'en revenais pas. J'avais pris le parti de l'action, de ne pas attendre qu'il vienne me harceler avant de songer à la façon dont je pourrais réagir, et d'aller vers lui en adoptant le comportement le plus noble possible afin de lui rappeler ma dignité et la sienne également.

Nous avons le pouvoir d'influer sur l'attitude et le comportement des gens qui nous entourent, au travail et à la maison. Nous avons le pouvoir d'imposer un code d'honneur, de créer autour de nous une énergie qui dise: «Je me respecte. Je vous respecte. Respectons-nous l'un l'autre.» Nous faisons souvent l'économie de cette énergie parce que nous voulons paraître sexy plus que nous voulons paraître sérieuses. Mais cela nous coûte cher, et les femmes dans notre entourage en font aussi les frais. Il y a des hommes qui vont nous harceler quoi que nous fassions. Mais pour ceux qui sont à la croisée des chemins et qui tentent sincèrement de trouver la voie la plus noble, nous pouvons faire beaucoup.

❖

Quand j'avais vingt ans et des poussières, je suis allée dans une boîte de nuit new-yorkaise avec un copain. Deux jeunes musiciens pleins de talent s'y produisaient, Daryl Hall et John Oates. On les connaîtrait plus tard sous le nom de Hall and Oates, mais à l'époque ils étaient moins connus, et ils arrivaient avec un son nouveau, plein de fraîcheur, qui avait un impact fabuleux.

Il m'est arrivé quelque chose ce soir-là. J'avais déjà vu plusieurs concerts, mais jamais avant celui-là je n'avais fait l'expérience de la façon dont un musicien arrive à se transcender afin d'amener tous les cœurs dans une salle à battre comme un seul. Je me souviens d'avoir pensé: «Ce sont des prêtres; c'est ce qu'ils sont vraiment. Ce sont des prêtres.» Ils ne m'emmenaient pas faire un tour en tapis volant au son de la musique. La musique était le tapis volant sur lequel ils m'emmenaient quelque part, ailleurs, dans ce quelque part entre ciel et terre qu'on trouve à l'intérieur de soi. C'est le but de notre vie de trouver cet endroit et d'y rester.

Suite à cette soirée, mon amour pour la musique et les concerts n'a pas cessé de grandir, mais par-dessus tout j'étais fascinée par l'idée qu'un être humain pouvait, avec sa musique ou par quelqu'autre moyen, créer un espace au sein duquel les cœurs s'harmonisaient et s'élevaient. Je savais que c'est ce que fait la musique, et la littérature et la philosophie et tous les arts. Ce qui me fascinait, ce n'était pas seulement le rôle de l'art mais le rôle de l'artiste, pas seulement la philosophie mais le rôle du philosophe. D'où leur vient ce don de magicien, qui leur permet d'exercer un tel pouvoir et de transporter des groupes entiers de personnes sur une terre enchantée?

Voilà ce que je voulais devenir quand j'étais petite. Je voulais emmener les gens plus haut, comme font les artistes, et les philosophes. Je me suis éprise de l'idée qu'une vie humaine pouvait être un sacerdoce, et servir de lien entre le ciel et la terre. Peu importe, dès lors, que nous soyons artistes, philosophes, enseignants ou rabbins. L'important est de sacrifier nos ego afin qu'on puisse nous utiliser comme une sorte d'autoroute vers une vie qui commence là où celle-ci perd son sens. En vieillissant, à force de trébucher mais surtout à force d'aimer et d'être aimée, j'ai compris que l'amant en nous est le prêtre suprême, et que le rôle de l'ami et de l'être aimé est le plus grand sacerdoce.

La question n'est pas seulement d'emmener des groupes de personnes dans des sphères plus élevées, au moyen de l'art, de la philosophie, de la politique ou de la religion, mais d'emmener les gens qui nous sont proches dans ces sphères, au moyen de l'énergie qui circule dans nos vies. Le rôle de l'ami est donc un sacerdoce, tout comme celui de l'amant, de l'épouse, du mari et du parent. Dans ce rôle sacré, nous faisons une place en nous pour la splendeur de la vie et la splendeur des gens. Ainsi, quand ils sont en notre présence, les gens peuvent voir plus clairement ce qui leur est possible et ce dont nous sommes tous capables. Nous devenons des faiseuses de miracles et des guérisseuses en endossant le manteau d'une humanité plus sage et plus sérieuse. Alors la terre, qui baigne encore dans de noires et pesantes, denses et tragiques énergies, s'élève dans un air plus doux et plus pur vers le monde dans le ciel. Un enfant est réconforté par la présence de Maman et Papa. Que toute la terre soit maintenant réconfortée. Dieu et Déesse sont réunis.

❖

Lorsque les colons commencèrent à peupler l'Ouest américain, des fusillades éclataient régulièrement dans les rues des villes nouvelles. Lorsque les femmes rejoignirent les hommes, toutefois, les choses ont vite changé. Les femmes ont dit: «Arrêtez ça, les gars. Plus de coups de feu. Les enfants sont arrivés.» C'est ainsi que les femmes apportèrent la civilisation dans un monde jusque-là incivilisé.

Et c'est ainsi qu'ici, aujourd'hui, au nom de la mystique alliance des femmes, nous pouvons faire appel à nos pouvoirs intérieurs et nous engager les unes envers les autres à ne plus accepter ces manifestations gratuites de violence et de sexe, que ce soit dans la rue, au cinéma, à la télévision ou partout ailleurs. Quel mauvais usage nous faisons du droit à la libre expression lorsque le premier amendement nous sert à justifier la plus grossière pollution de notre environnement psychique.

Suis-je d'avis qu'il devrait y avoir une forme quelconque de censure? Absolument pas. Suis-je d'avis que nous devrions tous prendre plus de responsabilités individuelles pour guérir le monde? Absolument, oui. De nos jours, chaque fois que quelqu'un critique les médias, les gens ont le réflexe de crier: «Premier amendement!» Moi, je crie: «Maternité!» Que faites-vous des droits des mères et des pères? En tant que parents, ne devrions-nous pas avoir le droit de laisser la télévision allumée cinq minutes, le temps d'aller préparer la salade dans la cuisine, sans que nos enfants soient témoins d'un meurtre ou deux en notre absence? L'esprit de nos enfants ne devrait-il pas être aussi important que le droit des gros conglomérats de faire des millions et des millions de dollars de plus? Je n'ai rien contre la violence quand c'est une expression artistique ou intellectuelle légitime, comme dans les films *Dances with Wolves*, *The Killing Fields*, *The Mission* et plusieurs autres. Je parle des scènes de sexe et de violence tout à fait gratuites que les cinémas et les émissions de télévision partout à travers les États-Unis présentent pour la seule raison – et c'est vraiment la seule et unique – qu'elles font vendre des tickets et des produits. Nous empoisonnons l'esprit de nos enfants, et les nôtres, au nom du dollar.

Ce sont les femmes qui doivent faire de ces questions un problème de société prioritaire, simplement parce que les hommes ne le font pas. Ce n'est pas une question féministe. C'est une question humaine, mais on en discute à voix basse quand on devrait crier à pleins poumons. Et c'est un travail de femmes : être la conscience de la société, faire en sorte que les questions humaines viennent au premier rang, quand il s'en trouve encore parmi nos amis et amies qui ont oublié que la violence conduit toujours à la mort. Que ce soit la violence à la télévision, la violence contre les femmes ou quelqu'autre forme de violence, les femmes ont le pied plus pesant qu'on ne le croit quand il s'agit d'écraser la vermine.

Et il y a une différence entre l'érotisme et la pornographie. L'érotisme célèbre la beauté des femmes et de la sexualité. La pornographie violente les femmes et rabaisse le sexe. Étant donné que la pornographie constitue un viol psychique de la femme, et non de l'homme, il faut que ce soit les femmes qui, collectivement, renversent la vapeur. S'il est vrai que nous sommes maintenant magiciennes, alors profitons-en pour nous familiariser avec une importante formule magique : retourner les choses d'où elles viennent.

Tout se passe comme si le diable était sorti de sa boîte et s'était infiltré à travers des murs qui dans un monde meilleur réussiraient à le tenir pour toujours à distance. Mais par la force de l'amour, il peut être repoussé. Dire : «Au nom de Dieu, Satan, retourne chez toi !» signifie : «Par la force de tout ce qui est beau dans les êtres humains, que tout ce qui est laid retourne d'où il vient. » Et tout ce qu'il vous reste à faire après avoir dit cela, c'est de le penser vraiment, vraiment sincèrement.

❖

Il y a une différence entre l'obsession et la passion. L'une des formes que prend l'oppression émotive des femmes consiste à ranger systématiquement dans la catégorie des obsessions, des choses névrotiques et mauvaises, toute manifestation passionnée d'émotion.

Quand une artiste comme Aretha Franklin chante l'amour avec ses tripes, on appelle ça du génie. Quand une femme ordinaire parle d'amour avec ses tripes, on appelle ça de la dépendance affective, de l'obsession ou de l'épuisement nerveux. Cela nous amène à nous méfier de nos propres instincts, à tenir nos passions pour névrotiques ou, à tout le moins, pour peu distinguées.

Il y a une différence entre ce que le système patriarcal juge peu distingué et ce qui est peu féminin. Quand une femme donne naissance à un enfant, elle pousse des cris de mort. Crier de cette façon n'est certainement pas distingué, mais il n'y a rien de plus féminin. À une époque pas si lointaine et dans certains cas encore aujourd'hui, les hommes n'entraient pas dans la salle d'accouchement. L'homme restait à l'extérieur pendant que sa partenaire donnait naissance à *leur* enfant. Il n'était pas là au moment de sa souffrance, de son génie physique, de sa créativité, comme du plus grand miracle de Dieu. Tiens, tiens !

Aujourd'hui, en plusieurs endroits du globe, les choses ont changé. L'homme qui a la chance d'être présent au moment où une femme donne naissance ne veut pas rater cette expérience. Il respire avec elle durant le travail, en tant qu'ami et partenaire; il lui tient la main. Cela représente tout un changement, de «je ne veux pas le savoir» à «je ne veux pas rater ça».

Et qu'en est-il du travail de la femme, quand elle donne naissance à autre chose, au reste de sa vie? La mise au monde est toujours violente, que ce soit la naissance d'un enfant ou la naissance d'une idée. Les commencements sont toujours durs. L'arbre le plus gigantesque commence par une petite pousse verte, mais cette pousse écarte la terre et se fraie un passage jusqu'à la lumière du soleil.

Michel-Ange aurait-il dû rester calme en tout temps avec tout ce talent et toute cette passion qui brûlaient en lui? Et Georgia O'Keefe, et sainte Thérèse? On trouve souvent dans les biographies des gens célèbres un thème commun: en contraste avec la brillance de leur art, leur personnalité était violente et leur vie turbulente. Mais les forces qu'on appelle ici violentes et turbulentes n'étaient pas *en contraste* avec leur brillance; c'étaient les conséquences profondément senties, totalement naturelles, d'une vie passionnée. Comme nous sommes prompts à dire qu'une manifestation d'émotion est négative, surtout chez les femmes! Comme nous sommes prompts à dire que la passion d'une femme est laide, déraisonnable, exagérée!

Dans une conférence qu'elle donna récemment à Hollywood, Barbra Streisand a déclaré: «Le langage nous révèle comment les femmes sont perçues dans une société dominée par les hommes. Une homme fait preuve de leadership; une femme est dominatrice. Quand un homme a des exigences perfectionnistes, on le respecte et on l'admire; quand c'est une femme, on la trouve difficile et tâtillonne.» Il n'y a pas que les actrices de cinéma qui ont du pain sur la planche quand elles ont l'audace de combattre le système patriarcal; c'est le sort réservé à toutes les femmes qui osent peindre en utilisant toute la richesse de leur palette émotive.

Les femmes ont plus de pouvoir qu'on ne le croit. Plus nous voyons clair dans le jeu de nos oppresseurs, plus nous prenons conscience des formes les plus dangereuses de l'injustice – émotive et psychologique – faite aux femmes, plus nous nous approchons d'une véritable libération. Il ne sert à rien de jeter le blâme. Ce que nous pouvons faire, c'est affronter la vérité en face. Et une vérité affrontée est une vérité en voie de se réaliser. Le véritable changement ne vient pas seulement de l'action ; il vient d'une compréhension profonde. L'action qui découle d'une compréhension superficielle s'avère une action superficielle. L'action qui découle d'une prise de conscience véritable est une action qui change le monde.

Le dictateur roumain Ceausescu disait que pour tenir un peuple dans l'asservissement, les armées et les fusils n'étaient pas nécessaires tant et aussi longtemps que les gens avaient suffisamment peur. Et c'est ainsi que les femmes sont opprimées dans la société d'aujourd'hui. Nous avons peur de nous permettre de nous épanouir pleinement à cause des murmures de désapprobation qui étouffent notre voix chaque fois qu'une « petite dame » oublie de se tenir à sa place.

Mais plus nous serons nombreuses à comprendre ce qui se passe vraiment et à voir clair dans ce tissu de mensonges et à soutenir le droit des autres femmes à une vie passionnée, plus vite nous verrons la fin de notre emprisonnement. Les femmes sont emprisonnées depuis des siècles, et dans nos cellules, dans nos cœurs, nous portons nos vrais sentiments comme des enfants endormis, notre délivrance spirituelle, notre amour. Les murs de la prison sont en train de fondre. Nous sommes presque dehors. Et lorsque nous serons libres, nous apporterons avec nous de tels cadeaux dans le monde extérieur! Nos cadeaux n'ont pas été atrophiés; ils ont grandi en puissance. Ils attendent depuis des siècles, et nous aussi.

Gardons les yeux au ciel. Ils vont nous lancer des tomates; ils vont nous calomnier et tenter de nous discréditer. Quand nous serons debout, ils tenteront de nous ébranler. Mais quand ils le feront, nous nous souviendrons de la vérité et nous bénirons nos ennemis et nous trouverons notre force en Dieu. Le régime d'oppression est presque terminé; sa force vitale décline, et seul son fantôme demeure. Ne vous attardez pas à pleurer sur sa dépouille; festoyez, réjouissez-vous dans le nouveau. Le passé est terminé. Essuyez vos pieds avant d'entrer.

Un jour, en revenant d'une promenade dans la campagne, un ami peintre m'a fait remarquer que chaque fleur avait une couleur différente tout près de la base de sa corolle, une couleur que la fleur ne montre pas au monde. «Comme une femme, ai-je répondu.»

La femme qui existe au plus profond de nous est très différente de celle qui se montre à la lumière du jour. Elle est plus authentiquement sexuelle, plus séduisante, plus lumineuse, et elle sait plus de choses. Elle a tendance à attendre que l'être aimé la fasse sortir de sa coquille, mais cela ne serait pas vrai si le monde la respectait davantage. Elle a peur qu'on se moque d'elle sauf quand elle est sûre d'être désirée. En réalité le monde entier la désire, mais ne le lui fait pas toujours savoir.

Une femme que je connais porte une mince chaîne en or autour de la taille, sous ses vêtements, avec une breloque portant l'inscription: *hors de prix.* Ça rend les hommes fous, m'a-t-elle dit. C'est compréhensible. Ils aiment qu'on leur rappelle ce qu'ils savent déjà, puisque nous vivons dans un monde qui ne cesse de le nier. Elle porte la chaîne, dit-elle, de telle sorte que la breloque repose parfaitement sur un certain chakra de son anatomie, si je puis dire, ce qui lui rappelle constamment son inestimable valeur.

Alors je me pose la question : Que faudrait-il faire pour que nous nous rappelions notre valeur ? Combien nous sommes bonnes, et combien nous sommes complètes et aimantes et adorables. Les hommes ne devraient pas avoir à porter le fardeau de notre souvenance. Ce n'est pas leur fonction de nous rappeler que nous sommes des Déesses. C'est notre fonction de nous en souvenir puis de le révéler au monde. Quand nous nous souviendrons, ils se souviendront aussi. La lumière sera éblouissante.

On assiste de nos jours à d'interminables discussions sur le rôle de la femme dans la société. Mais on ne peut pas tenir une conversation intelligente au sujet de notre rôle si l'on n'a pas d'abord défini qui nous sommes essentiellement. Il faut avoir précisé ce qu'elle *est* avant de chercher à savoir ce qu'une femme est censée faire. Et quand nous distinguerons clairement cette couleur à la base de notre corolle, notre identité cachée, alors ce que nous montrerons au grand jour prendra une nouvelle force ainsi qu'une nouvelle beauté. Alors et alors seulement commencerons-nous à comprendre la politique. Tant que nos efforts porterons sur le monde extérieur, où nous ne sommes pas chez nous, et sur ce semblant de pouvoir dont il se glorifie (un pouvoir si grossier, soit dit en passant, que les anges ne peuvent qu'en rire), nous demeurerons dans une position de faiblesse, une position toujours un peu plus ambiguë.

Quand nous nous souviendrons que nous sommes des reines venues d'un autre royaume, alors les rois de ce royaume-ci se réveilleront enfin et ils se sentiront honorés de notre présence et ils ouvriront toutes grandes leurs portes. Nous ne briserons pas les murs du château, nous les ferons fondre. Les rois dresseront une table pour que nous y festoyions au lieu de nous jeter leurs restes. Ils nous reconnaîtront quand nous nous reconnaîtrons. Nous arrivons les bras chargés de cadeaux d'un autre monde. Nous apportons l'illumination quand nos esprits sont illuminés. Nous ne sommes ici qu'en visite, mais notre visite est un honneur, un *mitzva*, et tout le royaume de la terre est béni de nous recevoir. Réveillez-vous, bande d'endormis! et remerciez les étoiles. Nous nous faisions si petites et la couronne est si grande. Nous attendrons pour la porter que nos têtes aient pris de l'ampleur.

Vous ne comprenez toujours pas? Vous ne voyez rien? En changeant nos esprits, nous changerons le monde. D'ici là, nous ne bougerons pas. Et toutes les lois et tous les coups de bâton et toutes les ridicules et mesquines et enfantines discussions politiques se poursuivront pendant des années, et des années encore, jusqu'à ce que les femmes, puis les hommes, se souviennent qu'une femme est un miracle et qu'en son cœur réside Dieu. Elle est née pour aimer Dieu, passionnément et sincèrement, et pour révéler à tous les autres – hommes, femmes et enfants – que Dieu est bon et que Dieu est ici. Mais nous devons être bonnes, et nous devons être ici, sans quoi notre fonction nous est déniée et la mission est avortée.

C'est le temps de nous mettre en marche. C'est le temps de nous réveiller. N'attendez pas une minute de plus. Réclamez votre cœur, et réclamez votre gloire. Vous avez tout ce qu'il vous faut. Bénissez les autres femmes. Ne les rabaissez pas. Rappelez-vous qu'elles sont vous – vos sœurs, vos maîtres, vos mères, vos filles. Et puis regardez les hommes avec les yeux nouveaux que la Déesse vous a donnés, et puis tenez bon. Le nouveau monde ne

ressemblera à rien de connu. Il viendra tout juste de renaî-
tre comme vous. Il brillera comme vous. Il sourira
comme vous. Vous vous sentirez comme chez vous.

À un moment donné, notre amertume disparaît, non
pas en un instant comme dans une sorte d'épiphanie, mais
petit à petit au cours d'innombrables années. Il n'y a pas de
plus grande joie que de se sentir rajeunir, redevenir comme
des enfants après avoir été comme des vieilles femmes et
n'y ayant rien gagné. La sentence avait l'habitude
d'imprimer sur nos visages un rictus de douleur et de souffrance, maintenant c'est avec un sourire d'enfant et un
regard espiègle qu'on l'entend prononcer.

La croissance spirituelle ressemble à un accouchement.
Vous vous dilatez, puis vous vous contractez. Vous vous
dilatez puis vous contractez de nouveau. Tout cela est
extrêmement douloureux, mais c'est le rythme nécessaire
pour atteindre le but ultime de l'ouverture totale. La douleur est plus supportable quand on sait où elle mène. Se
donner naissance à soi-même, à son nouveau moi, à son vrai
moi, qu'on soit homme ou femme, c'est beaucoup
comme donner naissance à un enfant. C'est une idée qui
est d'abord conçue, puis incubée. Accoucher d'un enfant
est un processus difficile, mais le fait de tenir l'enfant dans
nos bras donne un sens à la douleur. Et c'est la même chose
quand nous entrevoyons enfin notre propre complétude en
tant qu'être humain – nonobstant le mari ou l'absence de
mari, l'ami de cœur ou son absence, le travail ou le manque
de travail, l'argent ou le manque d'argent, les enfants ou le
fait d'être sans enfant, nonobstant tout le reste dont nous
pensons avoir besoin pour nous épanouir et être heureuse.
Lorsque nous touchons enfin à une extase spirituelle qui
est authentique et durable, alors nous savons que la souffrance des années passées n'était pas vaine, et que la solitude des années à venir ne sera jamais aussi grande.

Dieu est père, et Dieu est mère aussi. Dieu a deux visages et un million d'autres. Dieu le Père crée, protège, enseigne, et nous donne Sa force. Dieu la Mère est la nourricière cosmique; Elle nous nourrit, prend soin de nous, et nous prend dans Ses bras. Ne chicanons plus sur les détails sans importance. Dieu est homme et femme à la fois, Père et Mère. Et nous aussi. Au-delà du sexe, nous sommes faits de lumière. Nous faisons un avec Dieu, avec les autres et avec nous-même. Le sexe disparaît pour faire place à l'unité d'un ordre plus élevé. Toute autre connaissance limite la vision et finit par rendre aveugle. La dernière chose qui devrait nous faire trébucher, c'est bien cette question à savoir si Dieu est homme ou femme. Appelez-Le l'un ou l'autre; appelez-La l'un et l'autre. L'important, c'est que nous L'appelions, point.

Et quand nous L'appelons, notre cœur fond enfin. Notre rage se transmue. Nos fardeaux nous sont enlevés. Et nous naissons à ce que nos sommes vraiment. C'est sale et douloureux et c'est gros et bruyant. Mais c'est tout ce qui compte, et c'est pourquoi nous sommes ici, pour déchirer ces vêtements stupides que nous portons, de fausse ambition, d'orgueil et de peur, et nous montrer au grand jour, nues et belles et nouvelles. Alors ça n'a plus d'importance, quel âge nous avons. Nous sommes jeunes, nous sommes vieilles, nous sommes ni l'un ni l'autre, nous sommes l'un et l'autre. Chaque âge est porteur d'un présent magnifique, sa propre sorte de joie et de solitude et de douleur.

Devenons plus belles avec l'âge, atteignons la stature de la Grand-Mère de Jung. Conduisons-nous en sages et en femmes mûres et en reines. Arrangeons-nous pour que la passation des pouvoirs se fasse en douceur, pour que le centre d'attention se déplace avec grâce de l'expression physique à la force spirituelle. Le jeu n'est pas cruel sauf s'il est joué par un esprit négatif. Dans la vie que Dieu nous réserve, nous devenons de plus en plus belles et de plus en plus joyeuses. Plus nous vivons vieilles, plus nous avons le temps de mener à bien les choses qui donnent un sens à la vie. Par-dessus tout, n'ayons pas honte de vieillir. Combien de fois ai-je entendu parler d'une femme en ces termes : « Elle a cinquante ans. Je vous le dis, pas un jour de moins. » Comme si c'était un crime. La jeunesse n'est pas une grande récompense et la vieillesse, qu'un triste arrière-goût. La jeunesse est le bourgeon, la vieillesse est la fleur.

Respectez les femmes âgées. Donnez-leur de l'espoir et de l'aide et de quoi manger. Et laissez-les vous couvrir de présents. Dans ces moments-là, nous rajeunissons au lieu de vieillir. Plus nous vieillissons et plus nous nous débarrassons des choses sans importance et des préoccupations négatives. Nous ne devenons pas plus dures mais plus tendres avec l'âge, pas plus amères mais plus amènes. Et alors nous nous rendrons compte que ce que nous sommes vraiment en train de faire, c'est ce pour quoi nous sommes venues sur terre. Nous devenons les femmes que nous voulions être.

Et l'histoire, mon histoire se termine ainsi. C'est tout ce que je sais, ou plutôt c'est tout ce qu'il est en mon pouvoir d'écrire, sur ce périple intérieur qui est le mien et celui de toutes les femmes que j'ai connues.

Je sens que ce que nous sommes et ce à quoi nous aspirons comporte une profondeur inexplorée, inaltérée, comme un champ de diamants sous la surface de la terre. Et dans ce champ, nous sommes en latence. Mais la terre se soulève autour de nous, une lumière filtre à travers les roches, et nous commençons à voir et à connaître et à partager cette lumière. Le monde sera changé pour nos garçons et nos filles grâce à nos larmes, à notre courage, à nos défrichements. Une chose dont je suis sûre : nous nous sommes acharnées, et nous essayons encore. Nous ne sommes pas sans force, et nous ne sommes pas sans espoir. Nous faisons de notre mieux pour porter cette couronne. Nous étions emprisonnées mais nous nous libérons.

Il arrive encore que nous pleurions, mais nous rions aussi. En de trop rares occasions nous avons ri d'un rire profond, dans les bras de quelqu'un qui nous aimait et nous chérissait. Mais nous gardons le souvenir de ce rire près de notre cœur et nous ne vivons que pour le jour où nous rirons encore d'un tel rire. Nous sommes sur le point de nous libérer. Nous sommes sur le point de naître. Nous avons vu la lumière. Nous avons vu. Nous avons vu.

TABLE DES MATIÈRES

Dan Millman, **La Voie du guerrier pacifique**, traduit de l'anglais par Françoise Forest, 1994, 447 pages.

Notre vie se compare à l'ascension d'un sentier de montagne. En cours de route, nous devons affronter des défis de toutes sortes. Nous *savons* pour la plupart ce qu'il faut faire, mais pour effectuer de véritables changements, nous devons passer du savoir à l'acte.

Dans ce 3e ouvrage de la série du « guerrier pacifique », Dan Millman nous montre comment nous pouvons transmuer nos intentions en actions, nos défis en forces et nos expériences en sagesse.

La Voie du guerrier pacifique nous donne des moyens simples, mais combien puissants, de trouver notre équilibre physique, de nous libérer l'esprit, d'accepter nos émotions et d'ouvrir notre cœur.

♦

Gabrielle Roth, **Les Voies de l'extase**, traduit de l'anglais par Annie J. Ollivier, 1993, 289 pages.

Gabrielle Roth nous propose de faire de l'extase une expérience quotidienne. Elle qualifie sa démarche de chamanique en ce sens qu'elle fait appel aux instincts, aux pouvoirs naturels, sacrés de l'humain, trop souvent occultés par une vie de surface.

Après la découverte de nos 5 rythmes sacrés, l'auteure nous invite à explorer tout notre être – non seulement le corps, mais aussi le cœur, le mental, l'âme, l'esprit – par le biais de la danse, du chant, de l'écriture, du théâtre, de la méditation.

Les Voies de l'extase nous propose une synthèse tout à fait unique des pouvoirs de l'humain et nous invite à dépasser les limites de l'ego pour connaître la plénitude de l'âme.

René Caya et Henriette Montcalm, **Le Principe du phénix**, 1994, 351 pages.

Le Principe du phénix est bien plus qu'un simple ouvrage sur les rêves : il constitue d'une part une initiation claire et captivante à la *psychologie des profondeurs* de Jung et nous propose d'autre part une interprétation des rêves des plus significatives.

Les auteurs, tous deux psychothérapeutes et spécialistes en psychologie jungienne, convient le lecteur à assister, par la voie du rêve, aux transformations psychiques qui s'opèrent au tréfonds de l'âme humaine.

◆

Janet Ruckert, **L'Animal thérapeute**, traduit de l'anglais par Marguerite Reavis, 1994, 250 pages.

Dans **L'Animal thérapeute**, Janet Ruckert, psychothérapeute depuis plus de vingt ans, témoigne du rôle thérapeutique des animaux en présentant divers cas auxquels elle a fait face dans sa pratique. Elle nous explique aussi, à travers des jeux et exercices simples, comment un animal de compagnie peut nous aider à surmonter divers problèmes : stress au travail, solitude, conflits conjugaux, vieillissement, éducation des enfants, etc.

L'Animal thérapeute s'adresse à tous ceux qui désirent enrichir leur vie et celle de leurs semblables par le biais de la zoothérapie.

Shakti Gawain, **La Transformation intérieure**, traduit de l'anglais par Céline Parent-Pomerleau, 1994, 254 pages.

Shakti Gawain nous rappelle tout au long de cet ouvrage que le pouvoir créateur de l'univers réside en chacun de nous. Il s'agit dès lors d'effectuer en nous une guérison à tous les niveaux – physique, mental, émotionnel, spirituel – pour pouvoir influencer efficacement le monde dans lequel nous vivons.

À l'aube de ce troisième millénaire, Shakti Gawain, véritable pionnière dans le mouvement de la conscience planétaire, nous fournit les outils nécessaires pour entrer en contact avec notre énergie vitale et modifier le cours de la planète.

◆

Shantanand Saraswati, **Fragments de sagesse**, traduit de l'anglais par Ivan Steenhout, 1994, 311 pages.

Fragments de sagesse rassemble au-delà de 150 textes d'inspiration védantique qui nous rejoignent immédiatement, tant la sagesse qu'ils recèlent est universelle.

Shantanand Saraswati, d'origine hindoue mais vivant aux États-Unis depuis plus de dix ans, parlera notamment de joie, de célébration, de plénitude, de liberté, de lucidité, de conscience et... d'Essence Divine. Une invitation à la réflexion, au dépassement, au changement.

Marianne Williamson, **Un retour à l'Amour**, traduit de l'anglais par Ivan Steenhout, 1993, 297 pages.

Marianne Williamson est considérée par plusieurs comme l'ambassadrice par excellence d'un enseignement spirituel majeur de notre époque : *Un Cours sur les miracles.*

Le Cours démontre que nos difficultés proviennent principalement de notre vision du monde fondée sur la peur et l'illusion plutôt que sur l'amour et la vérité. Le miracle réside justement en un changement de perception.

Un retour à l'Amour nous fait découvrir les principes de base du Cours et ses applications pratiques dans notre vie quotidienne.

◆

Gerald G. Jampolsky et Diane V. Cirincione, **Appels à l'éveil**, traduit de l'anglais par Ivan Steenhout, 1993, 256 pages.

Cet ouvrage vise à nous « éveiller » au pouvoir de l'Amour qui dort en chacun de nous et que d'innombrables pensées de peur occultent bien souvent.

Sous forme de méditations, d'affirmations quotidiennes, ces **Appels à l'éveil** constituent autant d'invitations à retrouver la paix, l'unité, l'équilibre au fond de nous et à se rappeler que peu importe la question, l'Amour est toujours la réponse.

L'enseignement spirituel du Dr Jampolsky et de Diane Cirincione, conférenciers et auteurs bien connus, est basé sur les principes du *Cours sur les miracles.*

Louise L. Hay, **Ce pouvoir en vous**, traduit de l'anglais par G. Blattmann, 1993, 230 pages.

Louise L. Hay s'est imposée comme un chef de file dans le domaine de la croissance personnelle. Avec **Ce pouvoir en vous**, son talent de communicatrice atteint des sommets. Dans un langage clair, accessible, qui vient du cœur, elle aborde les thèmes qui lui sont chers et nous amène graduellement à la découverte de notre sagesse intérieure.

Cet ouvrage nous aidera à reconnaître et utiliser ce pouvoir en nous. Un pouvoir assez grand pour abolir toutes les résistances à l'AMOUR DE SOI. La façon d'y parvenir nous est démontrée clairement, en négligeant aucun aspect de la démarche : de la prise de conscience de nos paroles, pensées, émotions, en passant par l'identification et l'élimination de nos vieux schémas mentaux, jusqu'à l'expression de nos émotions et finalement l'accession à notre sagesse intérieure.

♦

Louise L. Hay, **Les Pensées du cœur**, *un trésor de sagesse intérieure*, traduit de l'anglais par Ivan Steenhout, 1992, 256 pages.

Les Pensées du cœur est un recueil de méditations, de thérapies spirituelles et d'extraits de conférences de Louise L. Hay. Il traite avec sagesse et philosophie d'une foule de sujets de la vie quotidienne. Il est constitué de pensées ou d'affirmations que viennent compléter et développer un commentaire, une réflexion, le tout suivant l'ordre alphabétique des thèmes abordés.

L'auteure nous invite à reconsidérer nos croyances, nos comportements, et au besoin à les changer. Sa connaissance et ses observations perspicaces et pleines d'amour nous donnent l'habileté d'opérer des choix qui enrichiront notre vie et nous permettront vraiment de croître au plan spirituel.

*Si vous désirez recevoir le catalogue
des Éditions du Roseau, veuillez
adresser votre demande à :*

DIFFUSION RAFFIN
7870, rue Fleuricourt
Saint-Léonard (Québec)
H1R 2L3